- Saisonalität
    - Winterpflanzen, wie zum Beispiel verschiedene Kohlgewächse, versorgen uns mit Unmengen von Vitamin C und Bitterstoffen. Zwei Faktoren, die unser Immunsystem bei der Abwehr von der Kälte und den typischen Infekten in der Winterzeit unterstützen.
    - Sommerpflanzen wie zum Beispiel Gurken, Tomaten aber auch Zitrusfrüchte kühlen unseren aufgeheizten Körper und versorgen uns mit viel Wasser.
    - Außerdem müssen bei saisonalen Pflanzen weniger chemische Helferlein eingesetzt werden, da die passenden Umweltfaktoren das Wachstum sowieso fördern.
- Regionalität
    - Damit einher geht auch der Faktor der Regionalität. Regionale pflanzliche Lebensmittel werden reif geerntet und haben somit alle Nährstoffe entwickeln können. Im Gegensatz dazu wird Obst und Gemüse aus ferneren Ländern unreif geerntet und nur durch den Einsatz von chemischen Mitteln unnatürlich "nachgereift" - bzw. nur nach-gefärbt. Die Dichte der Nährstoffe und auch der Geschmack kann dabei niemals mit regionalen Lebensmitteln mithalten. (Sie haben es vielleicht schon selber erlebt, dass eine Südfrucht aus dem jeweiligen Ursprungsland dort im Urlaub viel süßer und vollmundiger schmeckt als die gleiche Frucht aus dem zentraleuropäischen Supermarkt).
- Pflanzenbasierte Ernährung
    - Ja, diese Basis teilen selbst die Anhänger der Fleischdiät mit den Veganern. Denn bei der Fleischdiät geht es auch um Fleisch von Tieren, die sich artgerecht, sprich von vielen Gräsern und Kräutern ernährt haben. Die Masse an Getreide in der heutigen Ernährung - egal ob bei Mensch oder Tier - entspricht nicht der natürlichen Ernährungsweise. Sie macht uns krank, dick und manche behaupten sogar dumm (das weist auf die Schädigung der neuronalen Netzwerke hin, die durch den Konsum von Kohlenhydraten passiert hin). Pflanzen im Sinne von Gemüse, Kräutern, Salaten, Sprossen, in geringen Mengen Obst, Nüsse, Samen, etc. liefern neben den viel beschriebenen

Vitaminen und Mineralstoffen vor allem sekundäre Pflanzenstoffe, die herausragende Heilwirkung haben. So werden eine Vielzahl unserer Medikamente auf Basis der natürlich vorkommenden Pflanzenstoffe nachgebaut. Allerdings sind da diverse Säuren und andere Wirkstoffe extrahiert und wirken nur alleine - mit den Pflanzen selbst nehmen wir sie in einer reichhaltigen und sich gegenseitig verstärkenden Kombination vielerlei wirksamer Stoffe zu uns.

Ja zusätzlich zu diesen 3 großen Punkten gibt es immer noch sehr viel zu beachten. Ein optimales Verhältnis von Omega 3 zu Omega 6 Fettsäuren (empfohlen wird 1:3), eine individuell und situationsbedingte Eiweißversorgung und so weiter.

Eine ganz gute und einfache Richtlinie für die alltägliche Ernährung bietet der ideale Teller. Der sieht so aus, dass möglichst jede Mahlzeit zur Hälfte aus pflanzlichen Bestandteilen besteht, ein Viertel der Eiweißversorgung dient und ein Viertel die Mahlzeit durch gute Fette und eventuell Kohlenhydrate abrundet.

Die Feinjustierung rund um die Zubereitungsarten, die Zusammenstellungen und so weiter sehe ich als sehr individuell an. Es gibt meines Erachtens nicht die 1 perfekte Ernährung. Es gibt so viele großartige Philosophien und Studien, die alle wunderbare Heilungen berichten und sich dabei aber gegenseitig ausschließen. Was auf den ersten Blick vielleicht paradox wirkt, eröffnet bei näherer Betrachtung ganz viele Möglichkeiten des Probierens und neuer Chancen.

Neben der Ernährung werden noch folgende Faktoren genannt:
- die Giftstoffbelastung in unserer Umwelt sowie in Pflegeprodukten oder eben in der Ernährung
- eine Balance aus Aktivität, (kurzzeitigem) Stress und der Entspannung wie auch Schlaf
- Aufarbeitung der emotionalen Wunden aus der Vergangenheit und Steigerung der Resilienz
- Biologische Zahnheilkunde
- eine optimierte Versorgung durch Heilkräuter, Heilpilze udgl.
- Früherkennung durch bewährte und schonende Verfahren
-

1 Ernährung bei Kolektomie

Diese Empfehlungen bitte immer mit Ernährungsberater/in, Arzt oder Diätologen/in absprechen! Die Rezepte und Zutatenlisten unterstützen die medizinischen Therapien.

Die Kalorienangaben frischer Zutaten (Obst und Gemüse) und die Inhaltsstoffe schwanken je nach Qualität und Erntezeit. Die Inhalte wurden von einer Diätologin und einer Ernährungsberaterin für die Traditionelle Chinesische Medizin (TCM) geprüft.

Autor:
©2022 Josef Miligui
Liebe Leserinnen und Leser, ich wünsche Ihnen viel Erfolg und gutes Gelingen bei der Umstellung Ihrer Ernährung. Dieses Buch wurde aus eigener Erfahrung mit Krankheit und Ernährung geschrieben und ich habe schon immer das Zubereiten guter Speisen geschätzt. Wenn Sie nicht so geübt sind im Kochen, empfiehlt sich ein Kurs bei Ernährungsberatern oder Diätologen, die Ihnen die Grundlagen der Kochmethoden sowie die richtige Verarbeitung der Zutaten vermitteln können. Anhand der Lebensmittellisten aus diesem Buch können Sie weitere Rezepte entwickeln und entdecken.

Quelle:
Die Listen werden aus der EBNS-Datenbank für die Ernährungsberatung generiert. Die Datenbank wird von Ernährungsberater, Therapeuten und Ärzte für die Beratung der Patienten/Klienten verwendet und ermöglicht eine Kombination mehrerer Syndrome.

Literaturliste:
Wir haben die Unterlagen als Wissensbasis genutzt und an unsere Erfahrungen angepasst und ergänzt.
www.ebns.at

Herstellung und Verlag:
BoD – Books on Demand, Norderstedt
ISBN: 9783739233642

DIÄTETIK - Gastrointestinaltrakt - Dünndarm und Dickdarm - Kolektomie

(Buch: 023)

1 Ernährung bei Kolektomie 1
   1.1 Vorwort 4
   1.2 Beschreibung 7
   1.3 Therapiestrategie 7
   1.4 Vermeiden 7
2 Speiseplan 8
   2.1 Frühstück 8
   2.2 Jause 8
   2.3 Mittag 9
   2.4 Nachmittag 10
   2.5 Abend 10
3 Rezepte 11
   3.1 8 Schätze Reis 11
   3.2 Apfelmus mit Rosinen 12
   3.3 Astronautenkost 12
   3.4 Aufgeschlagene Banane 13
   3.5 Baby Bananenbrei 13
   3.6 Baby Frühlingsgemüse 14
   3.7 Baby Milchreis mit Beerensaft 14
   3.8 Bananen-Sojamilch 15
   3.9 Buddhistische Reissuppe 16
   3.10 Cranberrisaft 16
   3.11 Gefrorener Ananassaft 17
   3.12 Geriebener Apfel 17
   3.13 Geröstete Hirse mit Stangensellerie 18
   3.14 Getreidekaffee mit Kardamom 18
   3.15 Grießbrei mit Banane 19
   3.16 Grundrezept für eine Hühnerbrühe (wärmend) 19
   3.17 Grundrezept für eine nahrhafte Gemüsebrühe 20
   3.18 Grundrezept für eine Reissuppe (Congee) 21
   3.19 Grundrezept für eine Rinderbrühe (klar) 22
   3.20 Hafer-Congee 23
   3.21 Heidelbeermus 23
   3.22 Hühnersuppe mit Eigelb und Petersilie 24
   3.23 Kardamomwasser 24
   3.24 Karotten- Reisschleimsuppe 25
   3.25 Kompott aus Äpfeln 25
   3.26 Kürbiscurry 26

3.27	Kürbis-Joghurt-Suppe	27
3.28	Kuzuwasser	27
3.29	Mango-Bananen-Joghurt-Drink eiskalt	28
3.30	Nudelsuppe	28
3.31	Preiselbeer-Joghurt-Mix	29
3.32	Quarkknödel auf Erdbeermus	30
3.33	Reis mit Pastinake	31
3.34	Reis-Congee mit Karotten und Fenchel	31
3.35	Reispudding	32
3.36	Reissuppe mit geraspelten Karotten und Kräuter	33
3.37	Rinderbrühe mit Eigelb	33
3.38	Rotwein mit Eigelb	34
3.39	Schwarzwurzel mit Joghurt	34
3.40	Selleriesuppe	35
3.41	Smoothie mit Spinat Banane und Kiwi	36
3.42	Tee aus Anissamen	36
3.43	Tee aus Fenchel	37
3.44	Tee aus Grüntee	37
3.45	Tee aus Kümmel	38
3.46	Tee aus Pfefferminz mit weißem Kandiszucker	38
3.47	Tee aus Rooibos	39
3.48	Tee aus Schwarztee (Russischer Tee)	39
3.49	Teemischung gegen allgemeine Erschöpfung	40
3.50	Tomaten mit Mozzarella	40
3.51	Traubensaft mit heißem Wasser	41
3.52	Vanillepudding	41
4	Wirkung der Lebensmittel	42
4.1	Zutaten verwenden: empfehlenswert	42
4.2	Zutaten verwenden: ja	43
4.3	Zutaten verwenden: wenig	45
4.4	Kontraindikativ wirkende Lebensmittel nicht verwenden	47
5	Komplementär	50
5.1	Dekokt (Abkochung)	50
5.1.1	Kardamom	50
5.2	Einreibung	50
5.2.1	Chili Schoten	50
5.3	Heil-Tee (Aufguss)	50
5.3.1	Andorn	50
5.3.2	Kümmel	51
5.3.3	Passionsblume	51
5.3.4	Pfefferminzblätter	51
5.3.5	Rosmarin frisch	51
5.3.6	Wermut	51

5.4	Speisezugabe	52
	5.4.1 Oregano frisch	52
5.5	Verschiedene Möglichkeiten	52
	5.5.1 Komplementäre Vitaminpräparate	52
	5.5.2 Koriander	53
	5.5.3 Mariendistel	53
6	Grundlagen der Ernährung	54
6.1	Ernährung	54
6.2	Rezepte	56
6.3	Lebensmittel	57
6.4	Kräuter	58
7	Weitere Ernährungsvorschläge	59

1.1 Vorwort

Die Weltgesundheitsorganisation (WHO) davon spricht, dass bis zu 80% der Erkrankungen durch äußere Faktoren wie Ernährung, Lebensstil, Umweltgifte und dergleichen beeinflusst werden.

Welche Faktoren also jeder einzelne von uns aktiv beeinflussen kann und somit seine Chancen auf Erhöhung der allgemein Gesundheit erzielen kann, darum geht es auf den folgenden Seiten.

Der Fokus in diesem Buch liegt auf dem Faktor mit der größten Hebelwirkung - der Ernährung.
Schon Hippokrates hat einst gesagt "Lass die Nahrung deine Medizin sein und Medizin deine Nahrung!" Kräuterpädagog:innen heute sagen so: "Es gibt für jede Krankheit das richtige Kraut."

Egal wie wir es drehen und wenden, wir sind was wir essen (und was unser Essen gegessen hat). Der moderne Mensch sieht sich gerne isoliert von seiner Umwelt. Wir entstehen aus unserer Umwelt, wir leben inmitten von ihr und wenn wir sterben gehen wir wieder in unsere Umwelt über. Während wir leben essen wir das, was in unserer Umwelt wächst (oder in Fabriken chemisch erzeugt wird). Diese Nahrung liefert die Energie und Bausteine, für den eigenen Körper, für den Stoffwechsel, Zellerneuerung, den Hormonhaushalt und damit für unser gesamtes Sein, die Gesundheit und unser Empfinden.

Hier ein paar Grundbausteine, bevor in dem Buch noch näher auf Ernährungsfaktoren eingegangen wird, die sozusagen der kleinste gemeinsame Nenner der meisten Ernährungsphilosophien sind:

1.2 Beschreibung

Eine Kolektomie (bzw. totale Kolektomie) ist die operative Entfernung eines Dickdarmteils oder des gesamten Dickdarms, meistens mit Anlegen eines Anus praeter am Dünndarm (Ileostomie) oder einer Verbindung (Anastomose) des Dünndarms mit dem Mastdarm (Ileoanostomie) mit oder ohne Anlage eines Reservoirs (ileoanaler Pouch). Die nicht vollständige Entfernung des Dickdarms bezeichnet man als subtotale Kolektomie.

Ziel der Ernährungstherapie bei der Ileostomie ist es den Wasserverlust und den Mineralstoffverlust zu vermeiden. Keine noch so strikte Diät kann hier Einfluss auf die Stuhlkonsistenz nehmen. Bei der Colostomie kann eine normale Stuhlbeschaffenheit erreicht werden, dagegen bleibt bei der Ileostomie die Stuhlkonsistenz wässrig-dünnflüssig. In der Anpassungsphase wirkt sich der Einsatz von stopfenden Lebensmitteln wie Kartoffeln, Reis, Haferflocken, Bananen positiv aus. Quellende Lebensmittel und flüssigkeitsbindende Präparate wie Pektine oder industriell hergestellte Produkte erweisen sich hier als sehr hilfreich. Der Flüssigkeitsverlust sollte nicht ausschließlich durch Fruchtsäfte in unverdünnter Form gedeckt werden. Säfte werden besser vertragen, wenn diese mit Haferschleim, Reisschleim, Leinsamenschleim, Flohsamen angedickt werden, außerdem bieten sich industriell hergestellte Dickungsmittel an.

1.3 Therapiestrategie

"Leichte Vollkost"
Der Flüssigkeitsbedarf liegt bei ca. 3 Liter pro Tag. Als Richtwert für eine ausreichende Aufnahme gilt eine Urinmenge von mindestens 1 Liter pro Tag.

Eine Kochsalzaufnahme von 6-9 g pro Tag wird empfohlen. Hier bieten sich gesalzene Fleisch- und Gemüsebrühen an, die gleichzeitig die Flüssigkeitsaufnahme günstig beeinflussen. Der empfohlene Ballaststoffanteil liegt unter 30 g pro Tag, auch eine ballaststoffarme Ernährung mit weniger als 20 g pro Tag ist je nach Situation erforderlich. Stomareizende Lebensmittel sowie faserreiche Lebensmittel sind zu vermeiden, um Hautirritationen am Stoma oder dessen Verstopfung zu verhindern. Unterstützung bringt auch hier die Führung eines Tagesbuches oder eines "Beschwerden Protokolls".

1.4 Vermeiden

Alkohol, Koffein, Nikotin, zu wenig Ballaststoffe.

2 Speiseplan

Kkal. p. Portion

2.1 Frühstück

Apfelmus mit Rosinen 73,6
Astronautenkost 1045,0
Aufgeschlagene Banane 144,0
Bananen-Sojamilch 125,8
Buddhistische Reissuppe 279,8
Cranberrisaft 43,5
Geriebener Apfel 120,0
Geröstete Hirse mit Stangensellerie 400,1
Getreidekaffee mit Kardamom 3,6
Grießbrei mit Banane 307,3
Hafer-Congee 162,1
Heidelbeermus 10,9
Kardamomwasser 16,2
Karotten- Reisschleimsuppe 101,0
Kompott aus Äpfeln 67,3
Kürbis-Joghurt-Suppe 68,2
Kuzuwasser 6,8
Preiselbeer-Joghurt-Mix 57,1
Quarkknödel auf Erdbeermus 553,3
Reis mit Pastinake 206,5
Reispudding 316,2
Rinderbrühe mit Eigelb 173,5
Rotwein mit Eigelb 242,5
Selleriesuppe 101,2
Smoothie mit Spinat Banane und Kiwi 86,8
Tee aus Fenchel 0,0
Tee aus Grüntee 3,0
Tee aus Pfefferminz mit weißem Kandiszucker 7,5
Tee aus Schwarztee (Russischer Tee) 7,9
Traubensaft mit heißem Wasser 43,8
Vanillepudding 254,7

2.2 Jause

Baby Bananenbrei 235,6
Baby Frühlingsgemüse 63,9
Mango-Bananen-Joghurt-Drink eiskalt 121,4

2.3 Mittag

8 Schätze Reis ... 212,6
Apfelmus mit Rosinen ... 73,6
Astronautenkost ... 1045,0
Bananen-Sojamilch ... 125,8
Buddhistische Reissuppe ... 279,8
Cranberrisaft ... 43,5
Gefrorener Ananassaft ... 29,5
Geriebener Apfel ... 120,0
Geröstete Hirse mit Stangensellerie ... 400,1
Getreidekaffee mit Kardamom ... 3,6
Grießbrei mit Banane ... 307,3
Hafer-Congee ... 162,1
Heidelbeermus ... 10,9
Hühnersuppe mit Eigelb und Petersilie ... 117,8
Kardamomwasser ... 16,2
Karotten- Reisschleimsuppe ... 101,0
Kompott aus Äpfeln ... 67,3
Kürbiscurry ... 193,3
Kürbis-Joghurt-Suppe ... 68,2
Kuzuwasser ... 6,8
Mango-Bananen-Joghurt-Drink eiskalt ... 121,4
Nudelsuppe – auch für Babys ab 10. Monat ... 236,8
Preiselbeer-Joghurt-Mix ... 57,1
Quarkknödel auf Erdbeermus ... 553,3
Reis mit Pastinake ... 206,5
Reis-Congee mit Karotten und Fenchel ... 131,6
Reispudding ... 316,2
Reissuppe mit geraspelten Karotten und frischen Kräutern ... 131,0
Rinderbrühe mit Eigelb ... 173,5
Rotwein mit Eigelb ... 242,5
Schwarzwurzel mit Joghurt ... 319,2
Selleriesuppe ... 101,2
Tee aus Anissamen ... 2,8
Tee aus Fenchel ... 0,0
Tee aus Grüntee ... 3,0
Tee aus Kümmel ... 2,5
Tee aus Pfefferminz mit weißem Kandiszucker ... 7,5
Tee aus Schwarztee (Russischer Tee) ... 7,9
Tomaten mit Mozzarella ... 436,2
Traubensaft mit heißem Wasser ... 43,8

2.4 Nachmittag

Reispudding 316,2
Smoothie mit Spinat Banane und Kiwi 86,8
Vanillepudding 254,7

2.5 Abend

Astronautenkost 1045,0
Baby Milchreis mit Beerensaft 135,5
Buddhistische Reissuppe 279,8
Cranberrisaft 43,5
Gefrorener Ananassaft 29,5
Geriebener Apfel 120,0
Getreidekaffee mit Kardamom 3,6
Grießbrei mit Banane 307,3
Hafer-Congee 162,1
Heidelbeermus 10,9
Kardamomwasser 16,2
Kompott aus Äpfeln 67,3
Kürbiscurry 193,3
Kürbis-Joghurt-Suppe 68,2
Kuzuwasser 6,8
Mango-Bananen-Joghurt-Drink eiskalt 121,4
Nudelsuppe 236,8
Preiselbeer-Joghurt-Mix 57,1
Reis mit Pastinake 206,5
Reissuppe mit geraspelten Karotten und frischen Kräutern 131,0
Rotwein mit Eigelb 242,5
Selleriesuppe 101,2
Tee aus Anissamen 2,8
Tee aus Fenchel 0,0
Tee aus Kümmel 2,5
Tee aus Pfefferminz mit weißem Kandiszucker 7,5
Tomaten mit Mozzarella 436,2
Traubensaft mit heißem Wasser 43,8

3 Rezepte

empfehlenswert = Sie können mehr verwenden
wenig = wenn möglich weniger verwenden
weniger als angegeben = möglichst nicht verwenden

3.1 8 Schätze Reis

Harntreibend, erwärmt den Körper von innen, erweitert die Gefäße, stärkt die Muskeln, reguliert Innenorganfunktionen, stärkt Milz, lindert Diarrhö, reduziert Ausfluss, baut Lunge, Milz und Nieren auf, beruhigt Nerven.

Anzahl Portionen: 4
Kalorien p. Portion 213
Gramm p. Portion 266,25
Kochdauer ca. 1 Stunde
(Kohlehydrat:89,13% / Eiweiß & Fett:10,87%)
100g.≈ Eiweiß 4,52g. Fett:1,32g.
µg. - Ph:18,36 Na:0,75 Ka:8,74 Mg:9,04 Ca:2,25 Fe:0,15 Zn:0,03 Col.:0 Hsr.:7,57

Zutaten:
Lilienzwiebel 1 EL / 5g. ()
Longane 1 EL / 5g. (ja)
Weißwurz 1 EL / 5g. (ja)
Yamswurzel, Yamswurzelknolle 1 EL / 5g. (ja)
Hiobsträne (Samen) YiYi Ren 1 EL / 5g. (ja)
Reis Wilder (Naturreis) 2 Tassen / 240g. (empfehlenswert)
Wasser 8-10 Tassen / 800g. (ja)

Kochanleitung:
Je 1 EL: Bai He (Lilienzwiebel), Longan (Longan/Drachenaugenfrucht), Yu Zhu (Wohlriechender Weißwurz-Wurzelstock), Da Zao, Shan Yao (Yamswurzel, Yamswurzelknolle), Lian Mi, Yi Yi Ren (Samen der Hiobsträne), Qian Shi (Makanasternsamen)Mit heißem Wasser übergießen und ca. 30 Min. einweichen. Anschließend: 1-2 Tassen Reis (normal) hinzufügen und ½ bis 1 Std. köcheln, bis der Reis sehr weich ist. Oder: Aus Vollwertreis ca. 3 Std. lang zusammen mit den Kräutern ein Congee kochen. Dann müssen die Kräuter nicht eingeweicht werden.

3.2 Apfelmus mit Rosinen

Stoppt Durchfall, fördert Verdauung, Appetit anregend, aktiviert den Kohlenhydratstoffwechsel.

Anzahl Portionen: 10
Kalorien p. Portion 74
Gramm p. Portion 115
Kochdauer ca. 25 Min.
Allergene: O
(Kohlehydrat:95,67% / Eiweiß & Fett:4,33%)
100g.≈ Eiweiß 0,32g. Fett:0,43g.
µg. - Ph:1,43 Na:0,36 Ka:15,92 Mg:0,6 Ca:0,79 Fe:0,04 Zn:0 Col.:0 Hsr.:1,39

Zutaten:
Apfel (süß) 1 Kg / 1000g. (wenig)
Wasser 100 ml. / 100g. (ja)
Rosinen 50 g. / 50g. (wenig)

Kochanleitung:
Die Äpfel waschen, schälen, vierteln und dabei das Kerngehäuse entfernen. Mit dem Wasser in einen Topf geben und die mit heißem Wasser abgewaschenen Rosinen dazugeben. Bei schwacher Hitze etwa 10 Min. dünsten und abkühlen lassen. Für Kinder bis zu 10 Monaten das Mus im Mixer fein pürieren. Für die Größeren mit dem Kartoffelstampfer zerdrücken. In Tiefkühlbeutel oder leere Joghurtbecher füllen und verschließen. Im Tiefkühlfach einfrieren und bei Bedarf bei Zimmertemperatur etwa 6 Std. auftauen lassen (ca. 4 Monate haltbar). Das Obstmus ist als Nachtisch oder Zwischenmahlzeit gedacht. Es wirkt verdauungsfördernd. Bei Durchfall lieber Bananenmus geben.

3.3 Astronautenkost

Eiweißreiche Trinknahrung mit sehr hoher Energiedichte. Optimierter Eiweißanteil gleicht Stickstoffverluste aus und fördert die Proteinanabolie.

Anzahl Portionen: 1
Kalorien p. Portion 1.045
Gramm p. Portion 250
Kochdauer ca. 5 Min.
(Kohlehydrat:39,13% / Eiweiß & Fett:60,87%)
100g.≈ Eiweiß 115g. Fett:25g.
µg. - Ph:900 Na:290 Ka:1070 Mg:0 Ca:0 Fe:0 Zn:0 Col.:0 Hsr:0

Zutaten:
Astronautenkost 1 Paket / 250g. (ja)

Kochanleitung:
Nur nach Anweisung des Arztes oder Therapeuten verwenden.

3.4 Aufgeschlagene Banane

2 x tgl. essen, reguliert Magen-Darm-Funktion, wirkt stopfend.
Anzahl Portionen: 1
Kalorien p. Portion 144
Gramm p. Portion 150
Kochdauer ca. 7 Min.
(Kohlehydrat:94,54% / Eiweiß & Fett:5,46%)
100g.≈ Eiweiß 1,65g. Fett:0,3g.
µg. - Ph:28 Na:1 Ka:393 Mg:36 Ca:9 Fe:0,6 Zn:0,2 Col.:0 Hsr.:25

Zutaten:
Banane 1 Stück / 150g. (empfehlenswert)

Kochanleitung:
Banane mit der Gabel zerdrücken oder mit einem Mixstab pürieren. Mindestens 5 Min. braun werden lassen.

3.5 Baby Bananenbrei

Reguliert Magen-Darm-Funktion, schont die Verdauungsorgane, entgiftet, gut bei Appetitlosigkeit, Blähungen, Darmentzündungen.
Anzahl Portionen: 1
Kalorien p. Portion 236
Gramm p. Portion 255
Kochdauer ca. 10 Min.
Allergene: AG
(Kohlehydrat:73,65% / Eiweiß & Fett:26,35%)
100g.≈ Eiweiß 3,45g. Fett:8,92g.
µg. - Ph:36,12 Na:1,63 Ka:183,45 Mg:24,69 Ca:9,47 Fe:0,25 Zn:0,14 Col.:9,41 Hsr.:23,92

Zutaten:
Wasser 125 ml. / 125g. (ja)
Weizen Flocken 20 g. / 20g. (empfehlenswert)
Banane 100 g. / 100g. (empfehlenswert)
Butter Bio 1 EL / 10g. (ja)

Kochanleitung:
Das Wasser mit den Flocken in einem kleinen Topf verrühren. Bei schwacher Hitze zum Kochen bringen, 1-2 Min. kochen lassen und dann von der Kochstelle nehmen. Die Banane in den Topf schneiden, die Butter zugeben und mit einem Mixstab pürieren. Sie können statt Butter auch Maiskeimöl nehmen. Besonders dann, wenn der Brei nicht mehr so heiß ist, verteilt sich das Öl leichter und angenehmer. Wenn

Sie statt Weizenflocken Buchweizen-, Hirse-, Mais- oder Reisflocken verwenden, ist der Brei glutenfrei.

3.6 Baby Frühlingsgemüse

Harntreibend, unterstützt die Verdauung, harmonisiert Magen und Darm, leitet Darmwinde ab, bakterizid, stärkt Immunsystem.

Anzahl Portionen: 8
Kalorien p. Portion 64
Gramm p. Portion 143,12
Kochdauer ca. 1 1/2 Stunden
Allergene: G
(Kohlehydrat:67,96% / Eiweiß & Fett:32,04%)
100g.≈ Eiweiß 1,96g. Fett:2,27g.
µg. - Ph:4,69 Na:3,35 Ka:28,47 Mg:3,02 Ca:6,1 Fe:0,15 Zn:0,01 Col.:0,07 Hsr.:2,73

Zutaten:
Karotte (Mohrrübe, Möhre) 500 g. / 500g. (empfehlenswert)
Kohlrabi 500 g. / 500g. (ja)
Butter Bio 2 EL / 20g. (ja)
Wasser 125 ml. / 125g. (ja)

Kochanleitung:
Das Gemüse gründlich waschen. Karotten und Kohlrabi putzen und schälen. Von den Kohlrabi einige zarte Blätter fein hacken und beiseite legen. Die Karotten und die Kohlrabi grob raspeln. Die Butter zerlassen, Wasser und Gemüse zugeben und bei mittlerer Hitze etwa 30 Min. garen. Dabei ab und zu umrühren. Das Gemüse samt Kochflüssigkeit auf etwa 8 Tiefkühlbeutel zu Portionen à 100-150 g (je nach Alter des Kindes) verteilen. Die Beutel verschließen, ganz abkühlen lassen und einfrieren (etwa 3 Monate haltbar). Bei Bedarf auftauen lassen, aufkochen und mit 80 g Pellkartoffeln und einem Ei vermischen. Das Rezept kann einfach variiert werden, wenn man Blumenkohl, Erbsen oder Zucchini verwendet.

3.7 Baby Milchreis mit Beerensaft

Führt leicht ab, gegen chronische Verstopfung, harntreibend, erwärmt den Körper von innen, erweitert die Gefäße.

Anzahl Portionen: 1
Kalorien p. Portion 136
Gramm p. Portion 240
Kochdauer ca. 25 Min.
Allergene: G
(Kohlehydrat:62,07% / Eiweiß & Fett:37,93%)
100g.≈ Eiweiß 7,94g. Fett:3,54g.
µg. - Ph:98,33 Na:42,21 Ka:152,5 Mg:20,29 Ca:105,96 Fe:0,32 Zn:0,46 Col.:5 Hsr.:7,83

Zutaten:
Himbeere 3 EL / 30g. (empfehlenswert)
Kuhmilch (1,5 % Fett) 200 ml. / 200g. (ja)
Reis Reisschleim 2 EL / 10g. (empfehlenswert)

Kochanleitung:
Die tiefgekühlten Himbeeren auftauen lassen und dann durch ein Sieb streichen. Die Hälfte der Milch mit dem Reisschleim anrühren, in einem kleinen Topf zum Kochen bringen und bei schwacher Hitze unter Rühren etwa 3 Min. ausquellen lassen. Den Topf von der Kochstelle nehmen und nach und nach die restliche Milch und den Himbeersaft einrühren. Die Flüssigkeit in die Flasche füllen und kräftig schütteln. Je nach Saison und Vorliebe Ihres Kindes bei Obstsäften, etwas Traubenzucker und ab dem 8. Monat mit Honig oder Zuckerrohrgranulat variieren.

3.8 Bananen-Sojamilch

Gut bei Appetitlosigkeit, Mundschleimhautentzündung. Stärkt Körperenergie, fördert Verdauung, lindert Schmerzen, entgiftet, bakterizid.

Anzahl Portionen: 2
Kalorien p. Portion 126
Gramm p. Portion   263
Kochdauer ca.   5 Min.
Allergene: E
(Kohlehydrat:59,53% / Eiweiß & Fett:40,47%)
100g.≈ Eiweiß 7,49g. Fett:4,14g.
µg. - Ph:21,94 Na:251,11 Ka:110,08 Mg:13,31 Ca:9,78 Fe:0,4 Zn:0,11 Col.:0 Hsr.:33,68

Zutaten:
Banane 1 Stück / 120g. (empfehlenswert)
Sojabohnenmilch 400 ml. / 400g. (wenig)
Honig 1 TL / 3g. (wenig)
Zimtpulver 1 Prise / 1g. (ja)
Acerola Fruchtnektar oder Pulver 1 TL / 2g. (wenig)

Kochanleitung:
Banane in Stücke schneiden, mit Sojamilch, Acerola, Honig und Zimt mit dem Mixstab pürieren.

3.9 Buddhistische Reissuppe

Leicht abführend. Hilft bei: Durchblutungsstörungen, Thrombose, Emboliegefahr, Bluthochdruck, Kopfschmerzen, Herzinfarkt und Schlaganfall.

Anzahl Portionen: 2
Kalorien p. Portion 280
Gramm p. Portion 301,5
Kochdauer ca. 2-4 Stunden
Allergene: G
(Kohlehydrat:79,85% / Eiweiß & Fett:20,15%)
100g.≈ Eiweiß 6,52g. Fett:5,84g.
µg. - Ph:21,61 Na:5,92 Ka:25,42 Mg:7,89 Ca:14,11 Fe:0,08 Zn:0,06 Col.:1,29 Hsr.:12,94

Zutaten:
Reis Sorte beliebig 1 Tasse / 120g. (empfehlenswert)
Wasser 3 Tassen / 350g. (ja)
Butter Bio 1 EL / 10g. (ja)
Honig 1 TL / 3g. (wenig)
Kuhmilch (1,5 % Fett) 1 Tasse / 120g. (ja)

Kochanleitung:
Den Reis im Wasser kurz aufkochen und dann auf kleinster Stufe zugedeckt 2-4 Std. köcheln lassen. Am Ende der Kochzeit kann nach Belieben etwas Milch, Honig und Butter untergemengt werden. Dieses Grundrezept lässt sich geschmacklich (süß, salzig) beliebig erweitern. Die angegebene Menge reicht ca. für 4 Tage (im Kühlschrank aufbewahren). Variante: Mit Zimt oder Vanille lässt sich der Geschmack verfeinern.

3.10 Cranberrisaft

Antibakteriell, harntreibend. Gut bei Appetitlosigkeit, Arteriosklerose, Blasenentzündung, Durchfall, Fieber, Gicht, Magengeschwür, Mundschleimhautentzündung, Rheuma. Gegen freie Radikale, gegen Erkältung. Beugt Vitamin-C-Mangel vor.

Anzahl Portionen: 1
Kalorien p. Portion 43
Gramm p. Portion 160
Kochdauer ca. 5 Min.
(Kohlehydrat:98,46% / Eiweiß & Fett:1,54%)
100g.≈ Eiweiß 0,14g. Fett:0,02g.
µg. - Ph:2,06 Na:1,53 Ka:11,69 Mg:1,16 Ca:4,22 Fe:0,09 Zn:0,1 Col.:0 Hsr.:3,12

Zutaten:
Cranberries 2 EL / 25g. (wenig)

Wasser 1 Tasse / 125g. (ja)
Honig 1 EL / 10g. (wenig)

Kochanleitung:
Cranberries und etwas Wasser mit dem Pürierstab zu einem Brei mixen. Mit dem restlichen Wasser aufgießen und mit Honig süßen.

3.11 Gefrorener Ananassaft

Lindert Entzündungen, harntreibend, reinigt die Haut.
Anzahl Portionen: 1
Kalorien p. Portion   29
Gramm p. Portion   50
Kochdauer ca.   1 1/2 Stunden
(Kohlehydrat:95,07% / Eiweiß & Fett:4,93%)
100g.≈ Eiweiß 0,25g. Fett:0,1g.
µg. - Ph:9 Na:2 Ka:173 Mg:17 Ca:16 Fe:0,4 Zn:0,3 Col.:0 Hsr.:7

Zutaten:
Ananas 50 g. / 50g. (wenig)

Kochanleitung:
Ananas selbst entsaften oder Bio-Ananassaft in kleinen Portionen einfrieren und bei Bedarf lutschen.

3.12 Geriebener Apfel

3 x tgl. essen, wirkt stopfend, bindet Wasser im Darm.
Anzahl Portionen: 1
Kalorien p. Portion   120
Gramm p. Portion   200
Kochdauer ca.   10 Min.
(Kohlehydrat:94,21% / Eiweiß & Fett:5,79%)
100g.≈ Eiweiß 0,6g. Fett:0,8g.
µg. - Ph:11 Na:3 Ka:144 Mg:6 Ca:7 Fe:0,5 Zn:0,1 Col.:0 Hsr.:15

Zutaten:
Apfel (sauer) 1 Stück / 200g. (wenig)

Kochanleitung:
Apfel (sauer) schälen und möglichst fein reiben. Danach mindestens 5 Min. stehen lassen, bis er braun geworden ist.

3.13 Geröstete Hirse mit Stangensellerie

Stärkt Milz und Nieren, harntreibend, stoffwechselfördernd.
Anzahl Portionen: 2
Kalorien p. Portion 400
Gramm p. Portion 228
Kochdauer ca. 30 min
Allergene: L
(Kohlehydrat:82,09% / Eiweiß & Fett:17,91%)
100g.≈ Eiweiß 7g. Fett:2,59g.
µg. - Ph:44,42 Na:8,59 Ka:31,27 Mg:23,88 Ca:11,01 Fe:1,24 Zn:0,24 Col.:0 Hsr.:12,62

Zutaten:
Hirse 1 Tasse / 120g. (ja)
Wasser 2 Tassen / 240g. (ja)
Sellerie Stangensellerie 2 Stangen / 50g. (ja)
Kräuter verschiedene 1 EL / 10g. (ja)
Wasser 2 EL / 30g. (ja)
Salz 1 Prise / 1g. (wenig)
Salbei 3-4 Blätter / 2g. (ja)
Kresse 1 TL / 3g. (empfehlenswert)

Kochanleitung:
Hirse kurz anrösten, mit Wasser übergießen, kurz aufkochen und 20 Min. quellen lassen. Stangensellerie klein schneiden, mit Wasser, Salz und frischen Kräutern 10 Min. kochen und zu der Hirse geben. Frischen Salbei oder Kresse kleingehackt darüberstreuen.

3.14 Getreidekaffee mit Kardamom

Harntreibend, stärkt Magen, befeuchtet Darm, befeuchtet die Haut, entspannt, vermindert Fettgewebe.
Anzahl Portionen: 1
Kalorien p. Portion 4
Gramm p. Portion 136
Kochdauer ca. 5 Min.
(Kohlehydrat:98,58% / Eiweiß & Fett:1,42%)
100g.≈ Eiweiß 0,12g. Fett:0,08g.
µg. - Ph:1,29 Na:1,02 Ka:7,9 Mg:2,49 Ca:5,37 Fe:0,08 Zn:0,09 Col.:0 Hsr.:0

Zutaten:
Getreidekaffee 1 EL / 15g. (ja)
Kardamom 2 Kerne / 1g. (ja)
Wasser 1 Tasse / 120g. (ja)

Kochanleitung:
Wasser, Kaffee, Zucker und Kardamom aufkochen und setzen lassen.

3.15 Grießbrei mit Banane

Reguliert Magen-Darm-Funktion, befeuchtet Darm, entzündungshemmend, antiallergisch, kreislaufstabilisierend, kühlt innere Hitze, gut bei Durchblutungsstörungen.

Anzahl Portionen: 1
Kalorien p. Portion 307
Gramm p. Portion 284
Kochdauer ca. 15 Min.
Allergene: AG
(Kohlehydrat:66,17% / Eiweiß & Fett:33,83%)
100g.≈ Eiweiß 10,58g. Fett:10,73g.
µg. - Ph:116,7 Na:93,56 Ka:218,89 Mg:28,56 Ca:92,08 Fe:0,64 Zn:0,36 Col.:7,61 Hsr.:12,85

Zutaten:
Kuhmilch (Vollmilch 3,5 % Fett) 200 ml / 200g. (wenig)
Dinkel Gries 3 EL / 30g. (ja)
Butter Bio 1 TL / 4g. (ja)
Banane 1/2 Stück / 50g. (empfehlenswert)

Kochanleitung:
Die Hälfte der Milch in einem kleinen Topf erhitzen, Grieß zufügen und aufkochen. Bei schwacher Hitze unter ständigem Rühren 3 Min. ausquellen lassen. Den Topf vom Herd nehmen, nach und nach die übrige Milch mit dem Schneebesen unterschlagen und den Brei in ein Schälchen geben. Die Butter und die zermuste Banane zufügen. Für Erwachsene kann eine Prise Zimt darübergestreut werden.

3.16 Grundrezept für eine Hühnerbrühe (wärmend)

Stärkt Blut, baut Milz und Magen auf, stärkt Knochenmark, senkt Blutdruck, bakterizid, stärkt Immunsystem, beugt Krebs vor, reduziert Strahlenverletzungen, fördert Schwitzen, löst Stagnation. Gut bei Appetitlosigkeit und Blähungen.

Anzahl Portionen: 9
Kalorien p. Portion 90
Gramm p. Portion 244,89
Kochdauer ca. 2-3 Stunden
Allergene: L
(Kohlehydrat:10,44% / Eiweiß & Fett:89,56%)
100g.≈ Eiweiß 15,69g. Fett:11,57g.
µg. - Ph:7,72 Na:5,27 Ka:16,86 Mg:1,2 Ca:3,41 Fe:0,1 Zn:0 Col.:0,25 Hsr.:8,27

Zutaten:
Huhn Fleisch 1/2 Stück / 600g. (wenig)
Karotte (Mohrrübe, Möhre) 2 Stück / 150g. (empfehlenswert)
Lauch (Porree) 1 Stange / 45g. (weniger als angegeben)
Sellerie Knolle 1 Stück / 500g. (empfehlenswert)
Ingwer frisch 2 Scheiben / 2g. (weniger als angegeben)
Bockshornklee 1 TL / 2g. (ja)
Wacholderbeere 1 TL / 3g. (ja)
Lorbeerblatt 3 Stück / 2g. (ja)
Wasser 1 Liter / 900g. (ja)

Kochanleitung:
Hühnerteile von Fett befreien, in einen Topf mit heißem Wasser geben, kurz aufkochen lassen und entstehenden Schaum abschöpfen. Grob geschnittenes Gemüse und alle Gewürze zugeben und 2-3 Std. bei mittlerer Hitze kochen, dann alles abseihen. Tipp: Wenn Sie das Fleisch als Suppeneinlage verwenden möchten, bereits nach 45 Min. herausnehmen und nur die Knochen in der Suppe lassen.

3.17 Grundrezept für eine nahrhafte Gemüsebrühe

Senkt Blutdruck und Blutfett, bakterizid, stärkt Immunsystem, beugt Krebs vor, stärkt Magen, löst Stagnation, fördert Gewichtsabnahme, hilft bei Appetitlosigkeit, Blähungen, Bluthochdruck, Depressionen, Diabetes, Durchfall.

Anzahl Portionen: 5
Kalorien p. Portion 48
Gramm p. Portion 240,6
Kochdauer ca. 2-3 Stunden
Allergene: L
(Kohlehydrat:71,3% / Eiweiß & Fett:28,7%)
100g.≈ Eiweiß 1,57g. Fett:1,31g.
µg. - Ph:4,86 Na:3,67 Ka:25,68 Mg:1,8 Ca:6,32 Fe:0,1 Zn:0,01 Col.:0 Hsr.:2,78

Zutaten:
Olivenöl 1 EL / 4g. (wenig)
Zwiebel weiss 1 Stück / 60g. (weniger als angegeben)
Karotte (Mohrrübe, Möhre) 3 Stück / 200g. (empfehlenswert)
Pastinake 150 g. / 150g. (ja)
Sellerie Knolle 1 Tasse / 100g. (empfehlenswert)
Ingwer frisch 1/2 TL / 2g. (weniger als angegeben)
Zitrone 1/2 Stück / 25g. (weniger als angegeben)
Wacholderbeere 6 Stück / 6g. (ja)
Thymian getrocknet 1 Prise / 1g. (ja)
Liebstöckel 1 EL / 3g. (empfehlenswert)

Lorbeerblatt 2 Blätter / 1g. (ja)
Salz 1 Prise / 1g. (wenig)
Wasser 3/4 Liter / 650g. (ja)

Kochanleitung:
Gemüse würfelig schneiden. Öl in einem Topf erhitzen, die Zwiebel und das Gemüse darin anbraten, Ingwer und Lorbeer zugeben. Mit kaltem Wasser aufgießen, Zitronensaft zufügen und mit Wacholder, Thymian und Liebstöckel würzen. 2-3 Std. auf kleiner Stufe zugedeckt köcheln lassen. Brühe durch ein Sieb streichen und im Kühlschrank aufbewahren. Sie dient als Suppengrundlage und verfeinert Gemüse, Hülsenfrüchte oder Getreide.

3.18 Grundrezept für eine Reissuppe (Congee)

Niedriger Fettgehalt, zur Entwässerung des Körpers bei Übergewicht und Bluthochdruck.

Anzahl Portionen: 3
Kalorien p. Portion 140
Gramm p. Portion 273,33
Kochdauer ca.   2-4 Stunden
(Kohlehydrat:89,71% / Eiweiß & Fett:10,29%)
100g.≈ Eiweiß 2,96g. Fett:0,48g.
µg. - Ph:5,85 Na:0,58 Ka:5,02 Mg:3,41 Ca:1,72 Fe:0,03 Zn:0,02 Col.:0 Hsr.:6,34

Zutaten:
Reis Sorte beliebig 1 Tasse / 120g. (empfehlenswert)
Wasser 6 Tassen / 700g. (ja)

Kochanleitung:
Man kocht Reis und Wasser in einem Verhältnis von etwa 1:6. Die Menge des Wassers bestimmt die Dicke des Breis (reine Geschmackssache). Der Reis quillt unwahrscheinlich auf, nehmen Sie also nicht viel. Geben Sie den Reis in einen Topf mit einem schweren Deckel. Wichtig ist, den Reis nach kurzem Aufkochen nur auf kleinster Stufe köcheln zu lassen, da er sonst anbrennt. Kochen Sie den Reis 2-4 Stunden. Je länger er kocht, desto stärkender wirkt er. Wenn Sie das Gericht zum Frühstück essen möchten, können Sie den Reis auch kurz vor dem Zubettgehen aufsetzen. Sicherheitshalber sollten Sie vorher einmal unter Beobachtung für eine ähnlich lange Zeit das Verhalten Ihres Topfes und Herdes prüfen, damit nichts anbrennt.

3.19 Grundrezept für eine Rinderbrühe (klar)

Stärkt Muskeln, Sehnen und Knochen, senkt Blutdruck, bakterizid, stärkt Immunsystem, beugt Krebs vor, reduziert Strahlenverletzungen, regt Verdauung an, reduziert Schmerzen, fördert Verdauung. Harntreibend, stillt Blutung. Rosmarin fördert Verdauung.

Anzahl Portionen: 10
Kalorien p. Portion 114
Gramm p. Portion 276
Kochdauer ca. 4-8 Stunden
Allergene: O
(Kohlehydrat:22,24% / Eiweiß & Fett:77,76%)
100g.≈ Eiweiß 12,22g. Fett:4,1g.
µg. - Ph:5,14 Na:3,08 Ka:13,39 Mg:1,06 Ca:2,52 Fe:0,09 Zn:0,01 Col.:0,14 Hsr.:3,57

Zutaten:
Rind Suppenfleisch 500 g. / 500g. (wenig)
Rind Fleischknochen 200 g. / 200g. (wenig)
Essig (Rotweinessig) 1 Schuss / 3g. (wenig)
Wacholderbeere 8 Stück / 6g. (ja)
Rosmarin 1 Prise / 1g. (ja)
Karotte (Mohrrübe, Möhre) 3 Stück / 210g. (empfehlenswert)
Pastinake 2 Stück / 300g. (ja)
Lauch (Porree) 1 Stück / 200g. (weniger als angegeben)
Ingwer frisch 1/2 TL / 5g. (weniger als angegeben)
Liebstöckel 1 Stiel / 15g. (empfehlenswert)
Nelke 2 Stück / 2g. (ja)
Piment 6 Stück / 12g. (ja)
Anis (gemeiner Fenchel) 2 Stück / 1g. (empfehlenswert)
Salz 1 TL / 5g. (wenig)
Wasser 1 1/2 Liter / 1300g. (ja)

Kochanleitung:
Rotweinessig, Wacholderbeeren, Rosmarin, Knochen und Fleisch in Wasser zum Kochen bringen. Karotten, Pastinaken, Lauch, Ingwer, Liebstöckelgrün, Nelken, Piment, Sternanis und etwas Salz zufügen und alles 4-8 Std. köcheln und dann abseihen. Brühe im Kühlschrank aufbewahren.

3.20 Hafer-Congee

Stärkt Abwehrkraft, unterstützt Wehen.
Anzahl Portionen: 3
Kalorien p. Portion   162
Gramm p. Portion   275
Kochdauer ca.   2-4 Stunden
Allergene: A
(Kohlehydrat:73,58% / Eiweiß & Fett:26,42%)
100g.≈ Eiweiß 7,04g. Fett:2,88g.
µg. - Ph:17,27 Na:0,69 Ka:17,93 Mg:6,8 Ca:5,45 Fe:0,3 Zn:0,09 Col.:0 Hsr.:7,53

Zutaten:
Hafer 1 Tasse / 125g. (ja)
Wasser 6 Tassen / 700g. (ja)

Kochanleitung:
Hafer und Wasser in einem Verhältnis von etwa 1:6 kochen. Die Menge des Wassers bestimmt die Dicke des Breis (reine Geschmackssache). Der Hafer quillt auf, nehmen Sie also nicht zu viel. Geben Sie den Hafer in einen Topf mit guter Isolierung und schwerem Deckel. Wichtig ist, den Hafer nach kurzem Aufkochen nur noch auf kleinster Flamme köcheln zu lassen, da er sonst anbrennt. Kochen Sie den Hafer 2-4 Stunden. Je länger er gekocht hat, desto stärkender wirkt er.

3.21 Heidelbeermus

Heidelbeeren wirken abführend, Nelken lösen Stagnation, Zimtpulver erwärmt Magen und Milz. Baut Blut auf, fördert Durchblutung und Leitbahnfluss.
Anzahl Portionen: 1
Kalorien p. Portion   11
Gramm p. Portion   271,1
Kochdauer ca.   10 Min.
(Kohlehydrat:78,35% / Eiweiß & Fett:21,65%)
100g.≈ Eiweiß 0,2g. Fett:0,32g.
µg. - Ph:0,98 Na:1,01 Ka:5,56 Mg:1,09 Ca:6 Fe:0,06 Zn:0,1 Col.:0 Hsr.:1,48

Zutaten:
Heidelbeere 20 g. / 20g. (empfehlenswert)
Zimtpulver 1 Prise / 0,1g. (ja)
Nelke 1 Stück / 1g. (ja)
Wasser 1/4 Liter / 250g. (ja)

Kochanleitung:
Heidelbeeren mit Zimt und Nelke im Wasser 10 Min. kochen. Zimt und Nelke entfernen, pürieren und nach Wunsch süßen.

3.22 Hühnersuppe mit Eigelb und Petersilie

Stärkt Blut, Knochenmark, Immunsystem und Sehkraft, baut Milz und Magen auf, senkt Blutdruck, bakterizid, harmonisiert Leber und Milz, entgiftet. Petersilie regt Leberfunktion an.

Anzahl Portionen: 2
Kalorien p. Portion 118
Gramm p. Portion 260
Kochdauer ca. 10 Min.
Allergene: CL
(Kohlehydrat:82,37% / Eiweiß & Fett:17,63%)
100g.≈ Eiweiß 16,35g. Fett:2,49g.
µg. - Ph:13,95 Na:17,66 Ka:18 Mg:49,59 Ca:138,8 Fe:0,55 Zn:0,05 Col.:6,53 Hsr.:4,43

Zutaten:
Grundrezept für eine Hühnerbrühe 1/2 Liter / 500g. (empfehlenswert)
Huhn Eigelb 1 Stück / 10g. (wenig)
Petersilie 1 EL / 10g. (empfehlenswert)

Kochanleitung:
Brühe erhitzen und das Eigelb darin verquirlen. Die gehackte Petersilie drüberstreuen und ca. 2 Min. ziehen lassen und dann in kleinen Schlucken trinken.

3.23 Kardamomwasser

Nährt Knochen und Sehnen, wärmt Nieren und Milz, stärkt Magen, löst Blähungen, kontrolliert übermäßigen Harndrang, hilft bei Verdauungsschwäche.

Anzahl Portionen: 4
Kalorien p. Portion 16
Gramm p. Portion 254,5
Kochdauer ca. 20 min.
(Kohlehydrat:76,79% / Eiweiß & Fett:23,21%)
100g.≈ Eiweiß 0,52g. Fett:0,31g.
µg. - Ph:0,77 Na:0,33 Ka:4,75 Mg:1,21 Ca:1,8 Fe:0,05 Zn:0,01 Col.:0 Hsr.:0

Zutaten:
Kardamom 2 EL / 18g. (ja)
Wasser 1 Liter / 1000g. (ja)

Kochanleitung:
Kardamomkapseln in einem Mörser fein zerstoßen. Mit 1 l Wasser aufkochen und 10 Min. bei mittlerer Hitze leise köcheln lassen. Kardamomwasser durch ein Sieb in Gläser füllen und heiß servieren.

3.24 Karotten- Reisschleimsuppe

Gegen Durchfall, bei Fieber, bakterizid, stärkt Immunsystem, senkt Blutdruck.

Anzahl Portionen: 1
Kalorien p. Portion   101
Gramm p. Portion   224
Kochdauer ca.   10 Min.
(Kohlehydrat:96% / Eiweiß & Fett:4%)
100g.≈ Eiweiß 2,37g. Fett:0,4g.
µg. - Ph:27,48 Na:20,34 Ka:65,63 Mg:170,89 Ca:178,57 Fe:1,03 Zn:0,34 Col.:0 Hsr.:12,3

Zutaten:
Grundrezept für eine Reissuppe (Congee) 1 Tasse / 120g. (empfehlenswert)
Karotte (Mohrrübe, Möhre) 2 Stück / 100g. (empfehlenswert)
Salz 1 TL / 4g. (wenig)

Kochanleitung:
Karotten schälen und reiben. Die Reissuppe aufkochen und die geriebenen Karotten sowie Salz zufügen. 10 Min. kochen.

3.25 Kompott aus Äpfeln

Apfel (süß) stoppt Durchfall, fördert Verdauung, regt Appetit an, harmonisiert Magen, erwärmt Magen und Milz, fördert Durchblutung.

Anzahl Portionen: 2
Kalorien p. Portion   67
Gramm p. Portion   220,5
Kochdauer ca.   10 Min.
(Kohlehydrat:95,64% / Eiweiß & Fett:4,36%)
100g.≈ Eiweiß 0,24g. Fett:0,46g.
µg. - Ph:2,81 Na:1,03 Ka:36,45 Mg:1,81 Ca:4,33 Fe:0,13 Zn:0,03 Col.:0 Hsr.:3,74

Zutaten:
Apfel (süß) 1 Stück / 220g. (wenig)
Wasser 2 Tassen / 220g. (ja)
Zimtpulver 1 Prise / 1g. (ja)

Kochanleitung:
Bio-Apfel mit Schalen und Kernen klein geschnitten im Wasser weich kochen und mit Zimt bestreuen.

3.26 Kürbiscurry

Fördert Verdauung und Schwitzen, löst Stagnation, reduziert Wind, stärkt Lunge und Milz, reduziert Blutzucker, stärkt Magen, Verdauungssystem, Muskeln und Knochen, ist harntreibend und entgiftend.

Anzahl Portionen: 3
Kalorien p. Portion 193
Gramm p. Portion 251
Kochdauer ca. 20 Min.
(Kohlehydrat:63% / Eiweiß & Fett:37%)
100g.≈ Eiweiß 2,72g. Fett:10,61g.
µg. - Ph:5,14 Na:0,86 Ka:16,34 Mg:2,68 Ca:2,29 Fe:0,06 Zn:0,02 Col.:0 Hsr.:1,54

Zutaten:
Kürbis 300 g. / 300g. (empfehlenswert)
Olivenöl 2 EL / 30g. (wenig)
Koriander 1 Prise / 1g. (ja)
Pfeffer gemahlen 1 Prise / 0,5g. ()
Curry 1 Prise / 1g. (weniger als angegeben)
Wasser 50 ml / 50g. (ja)
Salz 1 Prise / 1g. (wenig)
Petersilie 1 EL / 7g. (empfehlenswert)
Kardamom 1 Prise / 1g. (ja)
Kurkuma (Gelbwurz) 1 Prise / 1g. (empfehlenswert)
Reis Vollkorn 1/2 Tasse / 60g. (empfehlenswert)
Wasser 3 Tassen / 300g. (ja)
Salz 1 Prise / 1g. (wenig)

Kochanleitung:
Olivenöl in einer Pfanne erhitzen, in Würfel geschnittenen Kürbis darin andünsten, mit Koriander, Pfeffer und Curry würzen und mit wenig Wasser ablöschen. Meersalz zufügen, klein geschnittene Petersilie zugeben und mit Kardamom und Kurkuma abrunden. Auf kleinem Feuer ca. 10 Min. je nach Kürbisart köcheln; er sollte noch bissfest sein. Den Reis in gesalzenem Wasser aufkochen und auf kleiner Stufe ca. 15 Min. quellen lassen.

3.27 Kürbis-Joghurt-Suppe

Befeuchtet, entspannt, senkt Blutdruck, stärkt Immunsystem, fördert Gewichtsabnahme. Gut bei Abwehrschwäche, Appetitlosigkeit, Blähungen, Depressionen, Diabetes, Durchfall.

Anzahl Portionen: 4
Kalorien p. Portion 68
Gramm p. Portion 239
Kochdauer ca. 15 Min.
Allergene: GL
(Kohlehydrat:82,83% / Eiweiß & Fett:17,17%)
100g.≈ Eiweiß 2,37g. Fett:1,31g.
µg. - Ph:7,17 Na:3,58 Ka:26,41 Mg:11,21 Ca:43,83 Fe:0,07 Zn:0,01 Col.:0,05 Hsr.:1,4

Zutaten:
Grundrezept für eine Gemüsebrühe 300 ml. / 300g. (empfehlenswert)
Hokkaidokürbis 500 g. / 500g. (empfehlenswert)
Ingwer frisch 1/2 TL / 2g. (weniger als angegeben)
Fenchelsamen gemahlen 1/2 TL / 1g. (empfehlenswert)
Anis (gemeiner Fenchel) 1/4 TL / 1g. (empfehlenswert)
Joghurt (natur, 1,5 % Fett) 150 g. / 150g. (empfehlenswert)
Pfefferminze 2 Blätter / 1g. (ja)
Salz 1 Prise / 1g. (wenig)

Kochanleitung:
Gemüsebrühe (nach Grundrezept) zum Kochen bringen. Gewürfelten Kürbis, kleingehackten Ingwer, zerstoßene Fenchelsamen und Anis dazugeben und Suppe zugedeckt ca. 12 Min. köcheln lassen, bis der Kürbis weich ist und dann vom Herd nehmen. Mit dem Mixstab die Suppe mit dem Joghurt fein pürieren und mit feingehackter Minze bestreut servieren.

3.28 Kuzuwasser

Enthält viele Vitamine und Mineralstoffe. Zur Stärkung der Darmflora, besonders nach Antibiotikaeinnahme. Beruhigt die Magenschleimhaut und schützt den Magen.

Anzahl Portionen: 1
Kalorien p. Portion 7
Gramm p. Portion 122
Kochdauer ca. 5 Min.
(Kohlehydrat:99,17% / Eiweiß & Fett:0,83%)
100g.≈ Eiweiß 0g. Fett:0,01g.
µg. - Ph:0 Na:0,98 Ka:0 Mg:0,98 Ca:4,92 Fe:0,01 Zn:0,1 Col.:0 Hsr.:0

Zutaten:
Kuzu 1/2 TL / 2g. (ja)
Wasser 1 Tasse / 120g. (ja)

Kochanleitung:
Kuzu zerstoßen, mit lauwarmem Wasser aufgießen und kurz ziehen lassen, bis eine milchige Flüssigkeit entsteht. Dann abseihen.

3.29 Mango-Bananen-Joghurt-Drink eiskalt

Harntreibend, stärkt Magen, beugt Krebs vor, reguliert Magen-Darm-Funktion. Gut bei Appetitlosigkeit, Mundschleimhautentzündung, chronischer Verstopfung.

Anzahl Portionen: 2
Kalorien p. Portion 121
Gramm p. Portion 226
Kochdauer ca. 5 Min.
Allergene: G
(Kohlehydrat:86,93% / Eiweiß & Fett:13,07%)
100g.≈ Eiweiß 2,73g. Fett:1,05g.
µg. - Ph:15,94 Na:7,47 Ka:102,09 Mg:10,74 Ca:22,08 Fe:0,14 Zn:0,04 Col.:0,28 Hsr.:5,73

Zutaten:
Mangosaft 100 ml. / 100g. (wenig)
Joghurt (natur, 1,5 % Fett) 100 g. / 100g. (empfehlenswert)
Mineralwasser 100 ml. / 100g. (wenig)
Banane 1/2 Stück / 150g. (empfehlenswert)
Acerola Fruchtnektar oder Pulver 1 TL / 2g. (wenig)

Kochanleitung:
Alle Zutaten und 2-3 Eiswürfel im Mixer fein pürieren.

3.30 Nudelsuppe

Schont die Verdauungsorgane, entgiftet, senkt Blutdruck, bakterizid, stärkt Immunsystem, Muskeln, Sehnen und Knochen, regt Leberfunktion an. Wirkt bei Appetitlosigkeit und Blähungen.

Anzahl Portionen: 8
Kalorien p. Portion 237
Gramm p. Portion 303,88
Kochdauer ca. 1 1/2 Stunden
Allergene: ACEGL
(Kohlehydrat:63,55% / Eiweiß & Fett:36,45%)
100g.≈ Eiweiß 14,74g. Fett:5,04g.
µg. - Ph:8,6 Na:5,71 Ka:23,73 Mg:2,3 Ca:3,96 Fe:0,15 Zn:0,02 Col.:0,34 Hsr.:7,1

Zutaten:
Rind Suppenfleisch 300 g. / 300g. (wenig)
Wasser 1 Liter / 900g. (ja)
Lorbeerblatt 1 Stück / 1g. (ja)
Karotte (Mohrrübe, Möhre) 300 g. / 300g. (empfehlenswert)
Sellerie Stangensellerie 1 Staude / 200g. (ja)
Blumenkohl (Karfiol) 300 g. / 300g. (wenig)
Petersilie 1 Bund / 100g. (empfehlenswert)
Nudeln (Weizen) mit Ei 300 g. / 300g. (ja)
Butter Bio 1 EL / 10g. (ja)
Salz 1 TL / 2g. (wenig)
Sojasauce 1 EL / 8g. (wenig)
Tomatenmark 1 EL / 10g. (wenig)

Kochanleitung:
Das Fleisch abwaschen und im Wasser mit dem Lorbeerblatt bei schwacher Hitze etwa 30 Min. köcheln lassen. Die Karotten schälen und in Scheiben schneiden. Von der Selleriestaude das untere Ende und die Blätter abtrennen. Die Stiele waschen, die zähen Fäden abziehen und die Stiele in etwa 1 cm dicke Scheiben schneiden. Rosenkohl waschen, putzen und dabei die Röschen von unten kreuzweise einschneiden. Die Petersilie waschen und klein schneiden. Rosenkohl und Karottenscheiben zur Suppe geben und alles etwa 30 Min. weiterkochen. Nach etwa 10 Min. den Sellerie samt grünen Blättern sowie die Nudeln dazugeben. Zum Schluss Lorbeerblatt und Selleriegrün entfernen. Die Suppe mit Salz, Sojasoße, Tomatenmark und der restlichen Petersilie würzen. Das Fleisch herausheben, von Fett und Knochen befreien und würfeln und in der Suppe servieren.

3.31 Preiselbeer-Joghurt-Mix

Gut bei akuter oder chronischer Verstopfung, Mundschleimhautentzündung, Durchfall, Blähungen, Reizdarm.
Anzahl Portionen: 2
Kalorien p. Portion 57
Gramm p. Portion 197,5
Kochdauer ca. 5 Min.
Allergene: GO
(Kohlehydrat:75,06% / Eiweiß & Fett:24,94%)
100g.≈ Eiweiß 2,13g. Fett:1,02g.
µg. - Ph:14,34 Na:11,73 Ka:26,32 Mg:5,43 Ca:33,22 Fe:0,03 Zn:0,03 Col.:0,4 Hsr.:0,41

Zutaten:
Joghurt (natur, 1,5 % Fett) 125 g. / 125g. (empfehlenswert)
Preiselbeermarmelade 2 EL / 20g. (empfehlenswert)
Mineralwasser 250 ml. / 250g. (wenig)

Kochanleitung:
Joghurt, Preiselbeer-Marmelade und Mineralwasser mit dem Standmixer schaumig rühren.

3.32 Quarkknödel auf Erdbeermus

Erdbeeren stärken Milz, Magen und Blut. Eier beruhigen Nerven und Magen.

Anzahl Portionen: 5
Kalorien p. Portion 553
Gramm p. Portion 296,2
Kochdauer ca. 30 Min.
Allergene: ACG
(Kohlehydrat:40,09% / Eiweiß & Fett:59,91%)
100g.≈ Eiweiß 18,89g. Fett:46,85g.
µg. - Ph:26,63 Na:18,36 Ka:29,44 Mg:4,74 Ca:12,16 Fe:0,21 Zn:0,02 Col.:2,41 Hsr.:3,59

Zutaten:
Topfen (Quark) 20% 500 g. / 500g. (ja)
Dinkel Gries 150 g. / 150g. (ja)
Butter Bio 40 g. / 40g. (ja)
Huhn Ei 2 Stück / 120g. (wenig)
Zucker (Staubzucker) 2 EL / 20g. (wenig)
Salz 1 Prise / 1g. (wenig)
Brösel (Weizenbrot, Semmel) 3 EL / 25g. (ja)
Butter Bio 100 g. / 100g. (ja)
Erdbeere 500 g. / 500g. (empfehlenswert)
Zucker (Staubzucker) 3 EL / 25g. (wenig)

Kochanleitung:
Quark, Grieß, Butter, Eier, Puderzucker und Salz zu einem glatten Teig verrühren. Den Teig ca. 15 Min. im Kühlschrank ruhen lassen. Danach kleine Knödel (ca. 4 cm) formen und in leicht kochendem Salzwasser ca. 10 Min. ziehen lassen. In einer Pfanne Butter erwärmen und die Brösel darin goldbraun anrösten. Die Knödel vorsichtig in den Bröseln wälzen. Aus Erdbeeren und Puderzucker mit dem Mixstab ein Mus pürieren und zu den Knödeln reichen.

3.33 Reis mit Pastinake

Vitaminreich, Mineralstoffe Kalium und Zink. Bei Durchblutungsstörungen, Thrombose, Emboliegefahr, Bluthochdruck, Kopfschmerzen, Herzinfarkt, Schlaganfall, Hefepilzinfektionen.
Anzahl Portionen: 3
Kalorien p. Portion 206
Gramm p. Portion 261,33
Kochdauer ca. 45 Min.
(Kohlehydrat:78,37% / Eiweiß & Fett:21,63%)
100g.≈ Eiweiß 5,17g. Fett:4,53g.
µg. - Ph:20,16 Na:2,09 Ka:94,99 Mg:7,61 Ca:10,6 Fe:0,15 Zn:0,07 Col.:0 Hsr.:12,18

Zutaten:
Reis Sorte beliebig 1 Tasse / 120g. (empfehlenswert)
Wasser 2 Tassen / 200g. (ja)
Salz 1 Prise / 1g. (wenig)
Pastinake 3-4 Stück / 450g. (ja)
Olivenöl 1 EL / 10g. (wenig)
Salbei 1 TL / 3g. (ja)

Kochanleitung:
Pastinake schälen und in Scheiben schneiden. Kurz in Öl anbraten. Reis hinzugeben und kurz mitbraten. Mit Wasser übergießen und mindestens 30 Min. lang kochen lassen. Mit etwas frischem gehacktem Salbei bestreuen.

3.34 Reis-Congee mit Karotten und Fenchel

Stärkt und wärmt Magen, lindert Verstopfung, regt Nerven an, entgiftet, lindert Entzündungen, verbessert Durchblutung, senkt Blutdruck, bakterizid, stärkt Immunsystem.
Anzahl Portionen: 3
Kalorien p. Portion 132
Gramm p. Portion 284,67
Kochdauer ca. 2 Stunden
Allergene: G
(Kohlehydrat:94,12% / Eiweiß & Fett:5,88%)
100g.≈ Eiweiß 4,18g. Fett:1,37g.
µg. - Ph:9,78 Na:9,7 Ka:55,1 Mg:64,86 Ca:68,94 Fe:0,4 Zn:0,03 Col.:0,09 Hsr.:3,77

Zutaten:
Grundrezept für eine Reissuppe 1/2 Liter / 500g. (empfehlenswert)
Karotte (Mohrrübe, Möhre) 2 Stück / 100g. (empfehlenswert)
Fenchel 1 Stück / 250g. (empfehlenswert)
Butter Bio 1 TL / 3g. (ja)
Kardamom 1/2 TL / 1g. (ja)

Kochanleitung:
Reis-Congee nach Grundrezept kochen. Karotten und Fenchel putzen und klein schneiden. Hinweis: Wenn Karotten und Fenchel von Anfang an mitgekocht werden, dienen sie der Bekömmlichkeit. Werden sie kurz vor Ende der Kochzeit zugegeben, bleiben Geschmack und Vitamine erhalten. Vor dem Servieren mit Butter und Kardamom verfeinern.

3.35 Reispudding

Reguliert Magen-Darm-Funktion, stärkt Milz, Magen und Muskeln, liefert Vitamin C.

Anzahl Portionen: 1
Kalorien p. Portion 316
Gramm p. Portion 329
Kochdauer ca. 2 Stunden
Allergene: G
(Kohlehydrat:75,96% / Eiweiß & Fett:24,04%)
100g.≈ Eiweiß 9,26g. Fett:7,36g.
µg. - Ph:91,08 Na:31,47 Ka:222,68 Mg:30,22 Ca:77,57 Fe:0,44 Zn:0,42 Col.:3,65 Hsr.:17,51

Zutaten:
Kuhmilch (Vollmilch 3,5 % Fett) 200 ml. / 200g. (wenig)
Reis Rundkornreis 25 g. / 25g. (empfehlenswert)
Banane 100 g. / 100g. (empfehlenswert)
Rote Grütze (ohne Zucker) 2 TL / 4g. (ja)

Kochanleitung:
Die Hälfte der Milch in einem kleinen Topf zum Kochen bringen. Den Reis einstreuen und bei schwacher Hitze etwa 15 Min. kochen lassen. Die Banane schälen, mit dem Pürierstab fein zermusen und den Rote-Bete-Saft dazugeben. Das Bananenmus unter den heißen Reis ziehen. Eine hübsche Puddingform (ca. ¼ l Inhalt) mit kaltem Wasser ausschwenken, den Bananenreis in die Form füllen und den Pudding bei Zimmertemperatur ausquellen lassen. Nach etwa 3 Std. ist er fest und kann gestürzt werden. Die restliche Milch als Getränk dazugeben.

3.36 Reissuppe mit geraspelten Karotten und Kräuter

Harntreibend, erwärmt den Körper von innen, erweitert die Gefäße, stärkt die Muskeln, reguliert Innenorganfunktionen, senkt Blutdruck, bakterizid, stärkt Immunsystem, beugt Krebs vor, reduziert Strahlenverletzungen, fördert Verdauung.

Anzahl Portionen: 4
Kalorien p. Portion 131
Gramm p. Portion 227
Kochdauer ca. 5 min.
Allergene: EG
(Kohlehydrat:86% / Eiweiß & Fett:14%)
100g.≈ Eiweiß 2,24g. Fett:1,24g.
µg. - Ph:2,54 Na:1,11 Ka:2,18 Mg:1,23 Ca:0,74 Fe:0,03 Zn:0,02 Col.:0,05 Hsr.:1,06

Zutaten:
Reis Wilder (Naturreis) 1 Tasse / 100g. (empfehlenswert)
Wasser 6 Tassen / 700g. (ja)
Karotte (Mohrrübe, Möhre) 1 Stück / 100g. (empfehlenswert)
Sojasauce 1 Schuss / 2g. (wenig)
Butter Bio 1 TL / 3g. (ja)
Kümmel 1 Prise / 0,3g. (empfehlenswert)
Kräuter verschiedene 1 TL gehackt / 3g. (ja)

Kochanleitung:
In einer Portion Reis-Congee (nach Grundrezept) eine geraspelte Karotte weich kochen, Butter und Sojasoße zufügen und mit frischen Kräutern bestreuen. Gewürze und Kräuter: Schwarzkümmel, Kurkuma, Kardamom, Petersilie, Salbei, Thymian, Basilikum, Rosmarin. Winter: Pastinake, Sellerie, Zwiebel, Lauch, Kürbis. Sommer: Tomate, Zucchini, Frühlingszwiebel, Radieschen, Rucola

3.37 Rinderbrühe mit Eigelb

Stärkt Muskeln, Sehnen und Knochen, senkt Blutdruck, bakterizid, stärkt Immunsystem.

Anzahl Portionen: 1
Kalorien p. Portion 174
Gramm p. Portion 275
Kochdauer ca. 5 Min.
Allergene: CO
(Kohlehydrat:79,01% / Eiweiß & Fett:20,99%)
100g.≈ Eiweiß 13,95g. Fett:11,42g.
µg. - Ph:95,65 Na:29,33 Ka:23,55 Mg:84,18 Ca:199,09 Fe:1,38 Zn:1,25 Col.:115,67 Hsr.:3,82

Zutaten:
Grundrezept für eine Rinderbrühe 1/4 Liter / 250g. (empfehlenswert)
Huhn Eigelb 1 Stück / 25g. (wenig)

Kochanleitung:
Rindersuppe (nach Grundrezept für eine Rinderbrühe hergestellt) aufwärmen und das Dotter darin verquirlen.

3.38 Rotwein mit Eigelb

Zur Kräftigung nach Krankheit, zur Beruhigung und als Schlafmittel, als Schmerzmittel, bei Verstimmungen, bei Herz-Kreislauf-Störungen.

Anzahl Portionen: 1
Kalorien p. Portion   243
Gramm p. Portion   225
Kochdauer ca.   5 Min.
Allergene: CO
(Kohlehydrat:2,2% / Eiweiß & Fett:97,8%)
100g.≈ Eiweiß 4,22g. Fett:7,98g.
µg. - Ph:83,33 Na:8,33 Ka:108,67 Mg:10,67 Ca:23,56 Fe:1,33 Zn:0,51 Col.:140 Hsr.:0,67

Zutaten:
Rotwein 1 Glas / 200g. (ja)
Huhn Eigelb 1 Stück / 25g. (wenig)

Kochanleitung:
Rohes Eigelb in Rotwein einschlagen.

3.39 Schwarzwurzel mit Joghurt

Schwarzwurzeln regen Nieren, Blase und damit die Reinigung des Körpers an. Sie stimulieren im physiologischen Sinne allgemein die Drüsen im Organismus. Gut bei akuter oder chronischer Verstopfung des Darmes. Liefern Vitamine und Spurenelemente.

Anzahl Portionen: 2
Kalorien p. Portion   319
Gramm p. Portion   304,5
Kochdauer ca.   20 min
Allergene: AG
(Kohlehydrat:76,55% / Eiweiß & Fett:23,45%)
100g.≈ Eiweiß 7,98g. Fett:2,08g.
µg. - Ph:45,41 Na:46,46 Ka:135,9 Mg:13,05 Ca:30,12 Fe:1,28 Zn:0,12 Col.:0,16 Hsr.:28,83

Zutaten:
Schwarzwurzel 1/2 Kg. / 400g. (ja)
Joghurt (natur, 1,5 % Fett) 4 EL / 80g. (empfehlenswert)

Kräuter verschiedene 1 EL / 8g. (ja)
Salz 1 Prise / 1g. (wenig)
Mehrkornbrot (Graubrot) 6 Scheiben / 120g. (wenig)

Kochanleitung:
Schwarzwurzel schälen und in Salzwasser kochen, bis sie weich sind. Das Wasser wegschütten, Schwarzwurzel auskühlen lassen und klein schneiden. Mit Joghurt übergießen und mit frischen Kräutern bestreuen. Mit dem Mehrkornbrot servieren.

3.40 Selleriesuppe

Stärkt Magen, beruhigt Nerven, fördert Appetit und Verdauung, löst Stagnation.

Anzahl Portionen: 4
Kalorien p. Portion 101
Gramm p. Portion 285,62
Kochdauer ca. 45 Min.
Allergene: ACGL
(Kohlehydrat:43,65% / Eiweiß & Fett:56,35%)
100g.≈ Eiweiß 4,33g. Fett:5,7g.
µg. - Ph:11,03 Na:20,2 Ka:44,23 Mg:2,49 Ca:11,41 Fe:0,11 Zn:0,01 Col.:1,44 Hsr.:8,46

Zutaten:
Wasser 1/2 Liter / 500g. (ja)
Butter Bio 1 EL / 15g. (ja)
Muskatnuss 1 Prise / 1g. (ja)
Salz 1 Prise / 1g. (wenig)
Dinkel Vollkornmehl 2-3 TL / 25g. (wenig)
Sellerie Knolle 1 Stück / 500g. (empfehlenswert)
Huhn Ei 1 Stück / 55g. (wenig)
Sahne sauer 10% 2-3 EL / 25g. (ja)
Sellerie Stangensellerie 2 EL / 20g. (ja)
Pfeffer gemahlen 1 Prise / 0,5g. ()

Kochanleitung:
1 EL Butter in einem Topf zerlassen. Eine Messerspitze Muskat, eine Prise Salz und 2-3 TL Dinkelvollkornmehl (fein und möglichst frisch gemahlen) hineingeben und unter Rühren zu einer Schwitze verarbeiten. 500 ml heißes Wasser nach und nach einrühren und den großen, fein geschnittenen Knollensellerie zugeben. Etwa 35 Min. garen und danach pürieren. 1 Eigelb mit der Sahne verrühren und in der heißen -nicht mehr kochenden!- Suppe kräftig untermengen. Einige Sellerieblätter fein gehackt dazugeben und mit Pfeffer und Salz abschmecken.

3.41 Smoothie mit Spinat Banane und Kiwi

Fördert Ausscheidung, stärkt Magen und Darm, verbessert Bauchspeicheldrüsenfunktion, unterstützt das Wasserlassen.

Anzahl Portionen: 2
Kalorien p. Portion   87
Gramm p. Portion   242,5
Kochdauer ca.   10 Min.
(Kohlehydrat:83,75% / Eiweiß & Fett:16,25%)
100g.≈ Eiweiß 3,31g. Fett:0,55g.
µg. - Ph:12,98 Na:7,98 Ka:115,51 Mg:11,41 Ca:22,52 Fe:0,59 Zn:0,06 Col.:0 Hsr.:13,15

Zutaten:
Spinat 1 Handvoll / 150g. (empfehlenswert)
Banane 1 Stück / 115g. (empfehlenswert)
Kiwi 1 Stück / 70g. (wenig)
Wasser 150 g. / 150g. (ja)

Kochanleitung:
Spinat (gut waschen), geschälte Banane und Kiwi mit dem Wasser im Mixer pürieren. Sie können mit Zucker oder Ahornsirup süßen, wenn es Ihrem Ernährungsplan entspricht.

3.42 Tee aus Anissamen

Anis (gemeiner Fenchel) fördert Verdauung, stärkt Magen und Milz.

Anzahl Portionen: 4
Kalorien p. Portion   3
Gramm p. Portion   125,75
Kochdauer ca.   15 Min.
(Kohlehydrat:51,11% / Eiweiß & Fett:48,89%)
100g.≈ Eiweiß 0,14g. Fett:0,12g.
µg. - Ph:0,71 Na:0,27 Ka:2,06 Mg:0,5 Ca:2,29 Fe:0 Zn:0,01 Col.:0 Hsr.:0

Zutaten:
Anis (gemeiner Fenchel) 1 TL / 3g. (empfehlenswert)
Wasser 1/2 Liter / 500g. (ja)

Kochanleitung:
Wasser zum Kochen bringen und beiseite stellen. Anis zugeben, 10 Min. ziehen lassen und durch ein Teesieb abgießen. Nach Geschmack mit Honig süßen. Um eine heilsame Wirkung zu erzielen, sollte man pro Tag 2 Tassen Anis-Tee trinken.

3.43 Tee aus Fenchel

Harmonisiert Magen, lindert Blähungen.
Anzahl Portionen: 4
Kalorien p. Portion   0
Gramm p. Portion   130
Kochdauer ca.   10 min
(Kohlehydrat:0% / Eiweiß & Fett:0%)
100g.≈ Eiweiß 0g. Fett:0g.
µg. - Ph:0 Na:0,24 Ka:0 Mg:0,24 Ca:1,2 Fe:0 Zn:0,01 Col.:0 Hsr.:0

Zutaten:
Fencheltee 2 EL / 20g. (empfehlenswert)
Wasser 1/2 Liter / 500g. (ja)

Kochanleitung:
Wasser zum Kochen bringen und beiseite stellen. Fencheltee dazugeben und 10 Min. ziehen lassen. Abseihen und nach Geschmack mit Honig süßen.

3.44 Tee aus Grüntee

Fördert Verdauung, harntreibend, löst Schleim, entgiftet, regt Nerven an, reduziert Blutfett, senkt Cholesterinspiegel, lindert Entzündungen.
Anzahl Portionen: 1
Kalorien p. Portion   3
Gramm p. Portion   122
Kochdauer ca.   10 Min.
(Kohlehydrat:20% / Eiweiß & Fett:80%)
100g.≈ Eiweiß 0,01g. Fett:0g.
µg. - Ph:5,61 Na:1,07 Ka:27,59 Mg:4,07 Ca:9,43 Fe:0,04 Zn:0,1 Col.:0 Hsr.:0

Zutaten:
Grüner Tee 1 TL / 2g. (ja)
Wasser 1 Tasse / 120g. (ja)

Kochanleitung:
Pro Tasse verwendet man einen Teelöffel voll oder einen Teebeutel. Grüntee nur mit 60-80 Grad heißem Wasser aufbrühen, da er sonst bitter wird. Soll der Tee eine anregende Wirkung haben, lässt man ihn 2-3 Min. ziehen. Eher beruhigend wirkt er bei einer Ziehdauer von 5 Min. (nicht länger, sonst wird er bitter!). Eine andere Methode: Man übergießt die Teeblätter mit ca. 70 Grad heißem Wasser und gießt es sofort wieder ab. Dann einfach noch mal heißes Wasser nachgießen. Die Bitterstoffe verschwinden und der Tee bekommt ein milderes Aroma.

3.45 Tee aus Kümmel

Kümmel fördert die Verdauung und lindert Blähungen.
Anzahl Portionen: 4
Kalorien p. Portion 2
Gramm p. Portion   125,75
Kochdauer ca.   10 Min.
(Kohlehydrat:59,19% / Eiweiß & Fett:40,81%)
100g.≈ Eiweiß 0,15g. Fett:0,11g.
µg. - Ph:0,8 Na:0,28 Ka:1,91 Mg:0,67 Ca:2,67 Fe:0,01 Zn:0,01 Col.:0 Hsr.:0

Zutaten:
Kümmel 1 TL / 3g. (empfehlenswert)
Wasser 1/2 Liter / 500g. (ja)

Kochanleitung:
Wasser zum Kochen bringen und beiseite stellen. Zerriebenen Kümmel dazugeben und 10 Min. ziehen lassen. Abseihen und nach Geschmack mit Honig süßen. 2 mal täglich 1 Tasse trinken.

3.46 Tee aus Pfefferminz mit weißem Kandiszucker

Pfefferminze entkrampft, befreit Lunge und Nase (inhalieren) und reguliert Zyklus. Weißer Kandis nährt und stärkt Körper, entgiftet.
Anzahl Portionen: 2
Kalorien p. Portion 7
Gramm p. Portion   255
Kochdauer ca.   15 Min.
(Kohlehydrat:91% / Eiweiß & Fett:9%)
100g.≈ Eiweiß 0,13g. Fett:0,02g.
µg. - Ph:0,24 Na:0,3 Ka:0,92 Mg:0,35 Ca:1,97 Fe:0,01 Zn:0,02 Col.:0 Hsr.:0

Zutaten:
Pfefferminze 1 EL / 7g. (ja)
Wasser 1/2 Liter / 500g. (ja)
Zucker Kandis weiß 1 TL / 3g. (wenig)

Kochanleitung:
Wasser zum Kochen bringen und beiseite stellen. Pfefferminze hineingeben und 10 Min. ziehen lassen. Abseihen und nach Geschmack süßen.

3.47 Tee aus Rooibos

Antioxidativ, entzündungshemmend, antibakteriell, antiviral, antifungal, entgiftend (basisch), krebshemmend, schützt durch enthaltene Flavonoide, positive Wirkung bei Alzheimer und Arteriosklerose. Antiallergisch, hemmt die Histaminausschüttung.

Anzahl Portionen: 5
Kalorien p. Portion 0
Gramm p. Portion 200,8
Kochdauer ca. 10 Min.
(Kohlehydrat:0% / Eiweiß & Fett:0%)
100g.≈ Eiweiß 0g. Fett:0g.
µg. - Ph:0 Na:0,2 Ka:0 Mg:0,2 Ca:1 Fe:0 Zn:0 Col.:0 Hsr.:0

Zutaten:
Wasser 1 Liter / 1000g. (ja)
3-4 TL Rooibostee

Kochanleitung:
Rooibos mit einem Liter kochenden Wasser überbrühen und 6-10 Min. ziehen lassen. Bei weichem Wasser können Sie weniger Tee für die Zubereitung nehmen, bei härterem Wasser empfehlen wir eine höhere Dosierung.

3.48 Tee aus Schwarztee (Russischer Tee)

Schwarztee fördert Durchblutung.

Anzahl Portionen: 1
Kalorien p. Portion 8
Gramm p. Portion 125
Kochdauer ca. 10 Min.
(Kohlehydrat:2,52% / Eiweiß & Fett:97,48%)
100g.≈ Eiweiß 1,28g. Fett:0,26g.
µg. - Ph:11,92 Na:1,2 Ka:72,32 Mg:7,96 Ca:16,52 Fe:0,08 Zn:0,11 Col.:0 Hsr.:13,12

Zutaten:
Schwarztee 1 EL / 5g. (empfehlenswert)
Wasser 1 Tasse / 120g. (ja)

Kochanleitung:
Pro Tasse verwendet man einen Teelöffel voll oder einen Teebeutel. Den Tee nur mit 60 bis 80 Grad heißem Wasser übergießen, da er sonst bitter wird. Soll der Tee eine anregende Wirkung haben, lässt man ihn 2 bis 3 Min. ziehen. Eher beruhigend wirkt er bei einer Ziehdauer von 5 Min. (nicht länger, sonst wird er bitter!). Eine andere Methode: Man übergießt die Teeblätter mit ca. 70 Grad heißem Wasser

und gießt das Wasser sofort wieder ab. Dann einfach noch mal heißes Wasser nachgießen. Die Bitterstoffe verschwinden und der Tee bekommt ein milderes Aroma.

3.49 Teemischung gegen allgemeine Erschöpfung

Gegen allgemeine Erschöpfung, antibakteriell, aufmunternd. Gut bei Appetitlosigkeit, Blähungen und Sodbrennen.

Anzahl Portionen: 4
Kalorien p. Portion 2
Gramm p. Portion 127
Kochdauer ca. 10 Min.
(Kohlehydrat:55% / Eiweiß & Fett:45%)
100g.≈ Eiweiß 0,17g. Fett:0,04g.
µg. - Ph:0,11 Na:0,11 Ka:0,93 Mg:0,13 Ca:0,63 Fe:0 Zn:0,01 Col.:0 Hsr.:0

Zutaten:
Zitronenmelisse (getrocknet) 2 TL / 3g. (ja)
Brombeerblätter 2 TL / 3g. (ja)
Lavendelblüten 1 TL / 2g. (ja)
Wasser 2 Tassen / 500g. (ja)

Kochanleitung:
2 g Melisse, 2 g Brombeerblätter, 1,5 g Lavendelblüten. Ein TL der Kräutermischung mit einer Tasse kochendem Wasser übergießen, 10 Min. zugedeckt ziehen lassen und absieben. Dreimal täglich eine Tasse trinken.

3.50 Tomaten mit Mozzarella

Fördert Verdauung, hilft Fett zu verdauen, harntreibend, senkt Blutdruck. Hilft bei Appetitlosigkeit, Blähungen, Darmentzündungen, Übelkeit, ist entkrampfend und beruhigend.

Anzahl Portionen: 1
Kalorien p. Portion 436
Gramm p. Portion 217
Kochdauer ca. 5 min
Allergene: AG
(Kohlehydrat:36,98% / Eiweiß & Fett:63,02%)
100g.≈ Eiweiß 14,85g. Fett:30,32g.
µg. - Ph:90,53 Na:176,32 Ka:158,47 Mg:12,75 Ca:109,48 Fe:0,33 Zn:0,5 Col.:10,69 Hsr.:13,46

Zutaten:
Mozzarella 1 Stück / 50g. (wenig)
Tomate 2 Stück / 100g. (wenig)
Salz 1 Prise / 1g. (wenig)

Basilikum (frisch) 5 Blätter / 6g. (ja)
Olivenöl 2 EL / 20g. (wenig)
Weißbrot (Weizenbrot) 2 Scheiben / 40g. (ja)

Kochanleitung:
Tomaten und Mozzarella in Scheiben schneiden. Auf Teller verteilen, salzen und mit Basilikum und Olivenöl anrichten. Dazu Weißbrot servieren.

3.51 Traubensaft mit heißem Wasser

Beruhigt Magen, stärkt Sehnen und Knochen, fördert Verdauung, harntreibend.
Anzahl Portionen: 2
Kalorien p. Portion 44
Gramm p. Portion 120
Kochdauer ca. 5 Min.
(Kohlehydrat:94,41% / Eiweiß & Fett:5,59%)
100g.≈ Eiweiß 0,42g. Fett:0,18g.
µg. - Ph:5,25 Na:0,75 Ka:40,75 Mg:2,5 Ca:5,75 Fe:0,13 Zn:0,02 Col.:0 Hsr.:5,25

Zutaten:
Traubensaft rot 1 Tasse / 120g. (wenig)
Wasser 1 Tasse / 120g. (ja)

Kochanleitung:
Traubensaft mit heißem Wasser aufgießen.

3.52 Vanillepudding

Gegen Verstopfung.
Anzahl Portionen: 2
Kalorien p. Portion 255
Gramm p. Portion 274,5
Kochdauer ca. 10 Min.
Allergene: G
(Kohlehydrat:67,17% / Eiweiß & Fett:32,83%)
100g.≈ Eiweiß 8,11g. Fett:8,88g.
µg. - Ph:44,27 Na:33,55 Ka:70,35 Mg:5,7 Ca:55,16 Fe:0,1 Zn:0,09 Col.:1,37 Hsr.:0

Zutaten:
Kuhmilch (Vollmilch 3,5 % Fett) 500 ml. / 500g. (wenig)
Puddingpulver Vanille 1 Paket / 37g. (ja)
Zucker (weiß, aus Rüben) 1 EL / 12g. (wenig)

Kochanleitung:
3-5 EL der Milch in eine Tasse geben und den Rest in einem Topf zum Kochen bringen. Das Puddingpulver zusammen mit dem Zucker und der Milch in der Tasse klümpchenfrei verrühren. Sobald die Milch kocht, die Mischung zugeben und unter ständigem Rühren auf kleiner Flamme ca. 3 Min. kochen. In vorbereitete Schälchen verteilen.

4 Wirkung der Lebensmittel

4.1 Zutaten verwenden: empfehlenswert

Anis (gemeiner Fenchel)
Aubergine
Banane
Banane Kochbanane
Beeren der Saison
Brombeere
Dill
Erdbeere
Feldsalat
Fenchel
Fenchelsamen gemahlen
Fencheltee
Flaschenkürbis
Grundrezept für eine Fischbrühe
Grundrezept für eine Gemüsebrühe nahrhaft
Grundrezept für eine Hühnerbrühe wärmend
Grundrezept für eine Reissuppe (Congee)
Grundrezept für eine Rinderbrühe
Grundrezept für eine Rinderbrühe wärmend
Heidelbeere
Himbeere
Hokkaidokürbis
Holunderbeeren
Holunderblütentee
Hüttenkäse
Joghurt (natur, 1,5 % Fett)
Joghurt (natur, 3,5 % Fett)
Johannisbeere (rot)
Johannisbeere (schwarz)
Johannisbeere (weiß)
Kakao
Kamille
Karotte (Frühkarotte)
Karotte (Mohrrübe, Möhre)
Karottensaft ohne Zucker
Käsepappeltee
Kerbel
Kerbel getrocknet
Kräuterteemischung
Kresse
Kümmel
Kümmel gemahlen
Kürbis
Kurkuma (Gelbwurz)
Liebstöckel
Mais
Mais (geröstet)
Mais (Schnellpolenta)
Mais Gries (Polenta)
Mais Mehl (Maizena)
Maisstärke
Maniokmehl
Petersilie
Petersilienwurzel
Preiselbeere
Preiselbeermarmelade
Preiselbeersaft
Quitte
Reis Basmatireis
Reis Duftreis
Reis Gaoliangreis (Sorghum)
Reis Klebreis
Reis Langkornreis
Reis Reisschleim
Reis Roter
Reis Rundkornreis
Reis Schwarzer
Reis Sorte beliebig
Reis Süßer
Reis Vollkorn
Reis Wilder (Naturreis)
Reismalz
Reismehl
Reisnudeln
Reisstärke
Roggen

Roggen Vollkornbrot
Roggenmehl
Schwarzkümmel
Schwarztee
Sellerie Knolle
Spargel (grün oder weiß)
Speiserüben
Spinat
Wachskürbis
Weizen
Weizen Bulgurweizen
Weizen Fladenbrot
Weizen Flocken
Weizen Gras Pulver
Weizen Gries
Weizen Gries - Kindergries
Weizen Mehl
Weizen Mehl Vollkorn
Weizen/Roggen Grau- Schwarzbrot mit Hefe
Zucchini

4.2 Zutaten verwenden: ja

Aloesaft
Amaranth
Amaranth POPS
Angelikawurzel
Apfelmus
Artischocke
Astronautenkost
Austern
Backpulver
Baldrian
Bambussprossen
Banchatee
Basilikum
Basilikum (frisch)
Bataviasalat
Berberitzenrindetee
Bitterklee
Blattsalate (bitter)
Blütenpollen
Bockshornklee
Borretsch
Boxhornkleesamen
Brennnessel
Brokkoli
Brombeerblätter
Brösel (Weizenbrot, Semmel)
Brot mit Johannisbrotkernmehl
Brötchen (Semmel)
Buchweizen
Buchweizen (geröstet) Kasha
Bulgur (Getreide)
Butter (halbfett)
Butter Bio
Buttermilch
Calamari
Champignon
Channa-Dal
Chicorée
Chlorella (Süßwasser)
Chrysanthemenblütentee
Couscous
Cumin (Kreuzkümmel)
Dashi
Dinkel
Dinkel Flocken
Dinkel Gries
Eisbergsalat
Endiviensalat
Enzianwurzel
Estragon
Färberdiestel (Hong Hua)
Feige
Früchtetee
Galgant
Gänseblümchen
Garnele
Gelatine weiss
Gelee Royal
Gerste
Gerste (Nacktgerste)
Gerste (Perlgerste)
Gerstengras Pulver
Gerstengraupen
Gerstengrütze
Gerstenmalz
Gerstenmehl
Getreidekaffee
Gewürznelke
Ginkgofrucht
Ginsengwurzel
Glühweingewürzmischung
Granatapfel
Grüner Tee
Guave
Hafer
Hafer Mehl
Hafer Milch
Hafer Schmelzlocken (Babynahrung)
Hagebutte
Hagebuttentee

Hibiskustee
Himbeerblättertee
Hiobsträne (Samen) YiYi Ren
Hirse
Hirseflocken
Huhn Eiweiß
Hummer
Jasminblütentee
Johannisbrotkernmehl
Kaffeeweißer
Kaktusfeige
Kalmus
Kapuzinerkresse
Karambole/Sternfrucht
Kardamom
Kefir
Klettenwurzeltee
Knäckebrot
Kohlrabi
Kohlrübe
Kompott (Früchte der Saison)
Kopfsalat
Koriander
Koriandergrün
Krabbe
Kräuter bittere
Kräuter der Provence
Kräuter verschiedene
Kräuter Wildkräuter
Kuhmilch (1,5 % Fett)
Kukichatee
Kumquat
Kuzu
Languste
Laugengebäck
Lavendelblüten
Leberglättertee
Liebstöckelsamen
Lindenblütentee
Löffelbiskuit
Longane
Lorbeerblatt
Löwenzahn (junger)
Löwenzahnsaft
Löwenzahnwurzeltee
Luohan-Frucht
Lychee
Lychee (Konserve)
Magermilchpulver
Maishaartee
Majoran
Malventee
Maulbeerfrucht
Melisse

Miesmuscheln
Miso
Miso schwarz (fermentiert)
Mispel
Molke
Moosbeere
Muskatnuss
Nelke
Nori, Purpurtang, Rotalge
Nudeln (Weizen) mit Ei
Nudeln (Weizen, Bandnudeln) mit Ei
Nudeln (Weizen, Lasagneblätter) mit Ei
Nudeln (Weizen, Spagetti) mit Ei
Okra
Orangenblüten
Oregano frisch
Oregano getrocknet
Papaya
Passionsblumenblütentee
Passionsfrucht (Maracuja)
Pastinake
Pfefferminze
Pfefferminztee
Pfeilwurzelmehl
Piment
Puddingpulver Vanille
Qualle
Quargel 20%
Quinoa
Radicchio
Rettich schwarz
Rettichblätter (vom Wochenmarkt)
Römersalat/Lattich-Salat
Rosenblättertee
Rosenblütentee
Rosmarin
Rote Grütze (ohne Zucker)
Rotwein
Safran
Sago (Getreide)
Sahne 10% Kaffeesahne
Sahne sauer 10%
Salbei
Sanddorn
Sauerampfer
Sauermilch
Sauerrahm 15% Fett
Sauerteig
Schafgarbe
Schafgarbentee
Schafmilch Joghurt
Schafskäse
Schafsmilch
Schmelzkäse 12%

Schnecke
Scholle
Schwarzwurzel
Schwedenkraut (Schwedenbitter)
Sellerie Stangensellerie
Shrimps
Spitzwegerichtee
Stachelbeere
Sternanis
Stevia (Süßkraut)
Stutenmilch
Süßholzwurzeltee
Süßkartoffel
Teemischung Harnsäuresenkend
Thymian
Thymian getrocknet
Topfen (Quark) 20%
Tsampa (geröstetes Gerstenmehl)
Vanille
Vanillepulver
Vanilleschote
Vogelmiere
Vogerlsalat (Pflücksalat)
Wacholderbeere
Wakame
Walderdbeeren

Wasser
Wasser heiss
Weißbrot (Weizenbrot)
Weißbrot Baguette
Weißbrot Brösel (Weizenbrot)
Weißbrot Knödelbrot (Weizenbrot)
Weißbrot Salzstangerl
Weißbrot Semmel
Weißdorn
Weißwurz
Weizengrassaft
Wermutkraut
Wildkräuter
Yamswurzel, Yamswurzelknolle
Yogitee
Ysop
Ziegen- und Schafsmilch
Ziegenkäse
Zimtpulver
Zimtstange
Zitronengras
Zitronenmelisse (frisch)
Zitronenmelisse (getrocknet)
Zuckerersatz (Süßstoff)
Zwieback

4.3 Zutaten verwenden: wenig

Acerola Fruchtnektar oder Pulver
Agar-Agar, Agartang
Agavendicksaft
Ahornsirup
Ananas
Ananas (aus der Dose)
Ananassaft ungezuckert
Apfel (sauer)
Apfel (süß)
Apfelsaft (Naturtrüb)
Aprikosen Marmelade
Avocado
Bärentraubenblätter
Beerensaft
Benediktinerdistel
Birnensaft
Blumenkohl (Karfiol)
Bohnenöl
Borretschöl
Bratöl
Brombeermarmelade
Buchweizen Vollkorn
Butterschmalz
Cranberries
Datteln getrocknet

Datteln rot
Dinkel Brot
Dinkel Vollkornmehl
Distelöl
Edamer
Eibisch (Hibiscus)
Entenei
Erdbeermarmelade
Erdbeersaftgetränk
Erdnussöl
Essig (Apfelessig)
Essig (Rotweinessig)
Essig Aceto Balsamico
Essig Aceto Balsamico weiss
Fasan
Feige getrocknet
Feta
Frischkäse
Frischkäse aus Soja
Frischkäse mit Kräuter
Fruchtzucker (Fruktose, Traubenzucker)
Gänseei
Gemüsesaft
Gouda

Grünkern
Gurke
Gurke (bitter)
Gurke (Gewürzgurke)
Hafer Flocken geröstet
Hafer Schrot
Hammel
Hase
Hase, wild
Hefe
Heidelbeere getrocknet
Heidelbeermarmelade
Heidelbeersaft
Himbeere getrocknet (unreife)
Himbeermarmelade
Hirsch Fleisch
Hirsch Knochen
Honig
Hopfen
Huhn Ei
Huhn Eigelb
Huhn Fleisch
Johannisbeermarmelade (rot)
Johannisbeermarmelade (schwarz)
Johannisbeernektar (schwarz)
Kaninchen Fleisch
Kapern (eingelegt)
Kastanien (Maronen)
Kaviar
Kiwi
Kombualge
Korinthen (rot)
Korinthen (schwarz)
Kuhmilch (Vollmilch 3,5 % Fett)
Kürbiskernöl
Lamm Fleisch
Lamm Knochen
Lamm Schulter
Leinöl
Maiskeimöl
Malz
Mango
Mangopulver
Mangosaft
Margarine
Margarine (Diät)
Mehrkornbrot (Graubrot)
Mineralwasser
Mohn
Mozzarella
Nektarine
Obstmischung Fruchtsaft
Olivenöl
Orangenmarmelade

Palmöl
Pferd Fleisch
Pfirsich
Pfirsich (Dose)
Pute Brustfleisch
Pute Schinken
Rapsöl
Reh Fleisch
Rind (Kalb)
Rind Filet
Rind Fleisch
Rind Fleischknochen
Rind Ochsenschwanzstücke
Rind Suppenfleisch
Rosinen
Sahne sauer 20%
Salz
Salz Kräutersalz
Schaffleisch
Schimmelkäse
Schmelzkäse 30%
Schwein Bratwurst
Schwein Fleisch
Schwein Haxe (Eisbein)
Schwein Schinken
Schwein Schinken gekocht
Schwein Schinken geselcht
Senfsamen
Sesamöl
Soja Tofu
Soja Tofu geräuchert
Sojabohnenmilch
Sojamehl
Soja-Nudeln
Sojaöl
Sojasauce
Sonnenblumenöl
Taube
Taube Ei
Tomate
Tomatenmark
Tomatenpüre
Tomatensaft
Tonicwasser
Topfen (Quark) 40%
Traubenkernöl
Traubensaft rot
Traubensaft weiß
Trüffel
Umeboshipaste
Vanillezucker natur
Wachtel
Wachtel Ei
Walnussöl

Weizenkeimöl
Wildschwein Fleisch
Ziege
Zucker (Staubzucker)
Zucker (weiß, aus Rüben)
Zucker braun
Zucker Fructose Fruchtzucker

Zucker Glukose Traubenzucker
Zucker Kandis weiß
Zucker Melasse
Zucker Milchzucker
Zucker Palmzucker
Zucker Ursüße (Zuckerrohr) süß

4.4 Kontraindikativ wirkende Lebensmittel nicht verwenden

Aal
Aal geräuchert
Adzukibohnen
Andornkraut
Aprikose
Aprikose getrocknet
Aprikosennektar
Austernpilze
Austernschalenpulver
Bärlauch (Knoblauchspinat)
Barsch
Bier (alkoholarm)
Bier (alkoholfrei)
Bier (Altbier)
Bier (Pils)
Birne
Bitter Lemon
Bitterlikör
Bitterorangenschale
Blätterteig
Bocksdornfrüchte (Fructus Lycii) getrocknet
Bohnen (grün, frisch)
Bohnenkraut
Brie
Brombeere getrocknet (unreife)
Buschbohnen
Butterbohnen weiße
Camembert
Campari
Cashewnüsse
Chenpi (chinesische Mandarinenschale)
Chili (Schote oder gemahlen)
Chinakohl
Clementinen
Colagetränk
Colagetränk (kalorienarm)
Creme fraiche
Curry
Currypaste rot
Dornhai (Seeaal, Schillerlocken)
Dorsch

Dulse (Lappentang)
Eibennuss
Emmentaler
Ente (Frühmastente, schlachtfrisch)
Ente (Herz)
Erbse, grün
Erbsen
Erdnuss (geröstet)
Erdnussbutter
Erdnüsse
Essiggurke
Färberginsterkraut
Fernet Branca (Kräuterbitterlikör)
Fisch Innereien
Fischreste
Fischsouce
Fischstücke gemischt (Süßwasser)
Flohsamen
Flunder
Forelle
Forelle (geräuchert)
Gagelpflaume
Gans
Gans (Gänseklein)
Gans (Gänseschmalz)
Gänseblut
Garam Masala Pulver
Ginsenglikör
Gorgonzola
Grapefruit getrocknete Schale
Grapefruit/Pampelmuse/Pomelo
Grapefruitsaft
Graskarpfen
Grundrezept für eine Entenbrühe
Hafer Flocken (Vollkorn)
Haifisch
Haselnüsse
Heilbutt
Hering
Hijiki
Hirsch Nieren
Honigmelone
Honigwein (Met)

Huhn Blut
Huhn Herz
Huhn Leber
Huhn Magen
Ingwer frisch
Ingwer Pulver
Ingweröl
Kabeljau
Kaffee
Kaki-Pflaume
Kaninchen Leber
Karausche
Karpfen
Kartoffel
Kartoffel (mehlige)
Kartoffelmehl
Kichererbsen
Kirsche
Kirsche (sauer)
Kirschenkompott
Kirschsaft
Klementine
Knoblauch
Kokosfett
Kokosflocken
Kokosmilch
Kokosnussfleisch
Kokosraspeln
Krake
Kürbiskerne
Lachs
Lamm Leber
Lamm Nieren
Lauch (Porree)
Lauchzwiebel Schnittlauch
Leinsamen
Leinsamen (geschrotet)
Limabohnen
Linsen (Helmbohnen)
Linsen gelb
Linsen rot
Linsen schwarz
Lycheelikör
Makrele
Malzbier
Mandarine
Mandelmilch
Mandelmus
Mandeln
Mandeln Marzipan
Mangold
Marillen
Marillensaft
Martini

Mayonnaise 50%
Mayonnaise 80%
Meeräsche
Meereskrebs
Mirabelle
Mittelmeerfisch (Kabeljau, Scholle,
Schellfisch, Mixed Pickels
Morchel (schwarz, getrocknet)
Mu-Erh-Pilz
Mungbohne
Mungbohnensprossen
Müsli
Nachtkerzenöl
Nierenbohnen (rote)
Nudeln (Vollkorn) mit Ei
Odermennig
Oliven
Oliven grün
Orange
Orange abgeriebene Schale
Orange getrocknete Schale
Orange Schale
Orangensaft
Paprika
Paprika (Rosenpaprikapulver)
Paprika (süß)
Paranuss
Parmesan
Peperoni
Peperoni, gelb, entkernt, halbiert
Peperoni, rot, entkernt, halbiert
Pfeffer Cayenne
Pfeffer Körner
Pfeffer weiss (gemahlen)
Pfifferlinge/Eierschwammerl
Pflaume
Pflaume getrocknet
Pinienkerne
Pintobohnen gesprenkelt
Pistazien
Prosecco
Pumpernickel
Radieschen
Reineclaude
Reishi
Rettich (weiß, grün, lila-rot)
Rettich Meerrettich (Kren)
Rhabarber
Rind Herz
Rind Herz (Kalb)
Rind Knochenmark
Rind Leber
Rind Lunge (Kalb)
Rind Magen

Rind Niere
Rosenkohl
Rotbarsch
Rote Rübe
Rotkohl
Rum
Sahne sauer 30%
Sahne, süß 30%
Sake
Sardellen/Sardine
Saubohnen (Dicke Bohnen)
Sauerkirsche
Sauerkraut
Schlehdorn
Schnaps
Schokolade
Schokolade (Diabetiker)
Schwarzaugenbohnen
Schwarze Bohnen
Schwarzer Fungu Pilz
Schwein Blut
Schwein Darm
Schwein Fett
Schwein Haut
Schwein Herz
Schwein Hirn
Schwein Leber
Schwein Lunge
Schwein Magen
Schwein Markknochen (Röhrenknochen)
Schwein Mettwurst
Schwein Nieren
Schwein Schinkenspeck
Schwein Schmalz
Seegurke
Senf
Senf Dijon
Senf mittelscharf
Senf süß
Sesam Paste (Tahini)
Sesam, Schwarzer
Sesam, Weißer
Sesamöl geröstet
Sherry
Shiitake, getrocknet
Silbermorchel, getrocknet

Soja Cuisine (Soja-Sahne)
Sojabohne
Sojabohnen, Gelbe
Sojabohnen, Schwarze
Sojabohnen, Schwarze, fermentiert
Sojacreme
Sojapaste (Miso)
Sonnenblumenkerne
Stangenbohnen (Fisolen)
Steinpilz/Herrenpilz
Süßwasserfisch
Süßwasserkrebs
Tabasco
Thunfisch
Tintenfisch
Toastbrot (Vollkorn)
Tomate getrocknet
Trauben rot
Trauben weiß
Umeboshipflaumen (Japanaprikosen)
Vollkornbrot
Vollkornbrot mit ganzen Körner
Vollkornmehl
Walnüsse
Walnüsse geröstet
Wassermelone
Weiße Bohnen
Weißfischchen
Weißkohl/Weißkraut
Weißwein
Weizen Bier
Weizenkleie
Wermut
Wirsing/Grünkohl
Ziegen- und Schafsblut
Ziegen- und Schafshirn
Ziegen- und Schafsleber
Ziegen- und Schafsmagen
Zitrone
Zitrone Saft
Zitrone Schale
Zitrone, Limette
Zwetschken
Zwiebel Frühlingszwiebel
Zwiebel rot
Zwiebel Schalotte
Zwiebel weiss

5 Komplementär

5.1 Dekokt (Abkochung)

5.1.1 Kardamom
Fördert Verdauung, nährt Knochen und Sehnen, löst Blähungen, kontrolliert übermäßigen Harndrang, hilft bei Verdauungsschwäche.
Abkochung aus 3-10 g, in zwei Dosen auf leeren Magen trinken
Nicht anwenden bei: Magengeschwüren
Wirkstoffe: Fettes Öl, Zucker, Eiweiß, Gummi, Stärke, viele weitere Inhaltstoffe.

5.2 Einreibung

5.2.1 Chili Schoten
Äußerlich als Einreibungen gut gegen rheumatische Erkrankungen, Erkältung, Fieber, Verdauungsschwäche, Übelkeit, Erbrechen, Schmerzen, Depressionen, Verspannungen.
Hohe Dosen können bei längerer Anwendung zu lebensgefährlicher Hypothermie führen, zu akuter Gastritis, Nierenentzündung. Zubereitungen mit Capsicum reizen auch in geringen Mengen Haut und Schleimhäute und können schmerzhaftes Brennen hervorrufen.

5.3 Heil-Tee (Aufguss)

5.3.1 Andorn
Anregend auf die Luft- und Verdauungswege, blutbildend, entzündungshemmend,
2 Teelöffel des Tees mit 250 ml kochendem Wasser übergießen und 10 Minuten ziehen lassen. Danach absieben. Nach Bedarf 2 bis 3 Tassen pro Tag trinken.
Äußerlich kann man Andorn-Tee oder verdünnte Tinktur in Form von Umschlägen, Bädern oder Waschungen anwenden. Mit dieser Art der Anwendung kann man Ekzeme lindern. Andorn hilft äußerlich eingesetzt auch gegen Geschwüre und andere Wunden, die nicht heilen wollen.
Nicht während der Schwangerschaft, in der Stillperiode oder von Personen mit Herzerkrankungen verwenden.

5.3.2 Kümmel
Fördert Verdauung. Gut gegen Appetitlosigkeit, Magenschwäche, Diarrhöe, Übelkeit, Darmkoliken, Magenkrämpfe, Husten.

5.3.3 Passionsblume
Beruhigend, krampflösend und angstlösend.
Tasse mit frisch gekochtem Wasser aufgießen.
Tasse gut abdecken und 5 – 10 Minuten ziehen lassen.
Je nach Geschmack mit Zucker, Honig oder Kandis süßen.
Damit die ätherischen Öle erhalten bleiben sollte das Gefäß gut abgedeckt werden.
Die Tagesdosis beträgt bis zu 2 Tassen. Auf eine Tasse kommt ein TL (2-3 g) getrocknete Passionsblume.
Auch gegen Schlafstörungen.

5.3.4 Pfefferminzblätter
Entkrampft, befreit Lunge und Nase (Inhalieren), reguliert Zyklus. Regt Gallenfluss und Gallensaftproduktion an, krampflösend
 bei Beschwerden im Magen-Darm-Bereich, antimikrobiell und antiviral.
2-10 g mit 250 ml kochendem Wasser übergießen und 10 Minuten ziehen lassen. Danach absieben. Nach Bedarf 2 bis 3 Tassen pro Tag trinken.
Wirkstoffe: äth. Öl (Menthol), Gerbstoffe, Flavonoide, Bitterstoffe
Nicht lange kochen; nicht verwenden bei: Biao-Xu-Schwitzen oder Schwangerschaft.

5.3.5 Rosmarin frisch
Fördert Verdauung, lindert Blähungen, stärkt Lunge, Milz und Niere. Wirkt belebend auf Kreislauf und Nerven. Appetitanregend. Wannenbäder helfen sowohl bei Kreislaufschwäche, Durchblutungsstörungen als auch bei Gicht und Rheuma.
Rosmarin wirkt belebend auf Kreislauf und Nerven und verdauungsanregend. Das herbaromatische Kraut passt gut zu Fleischgerichten, auch zu Fisch. Mit Olivenöl und Knoblauch schmeckts wie im Süden.

5.3.6 Wermut
Gut gegen Appetitlosigkeit, Verdauung schwäche, Magenkrämpfe, Blähungen, Gastritis, Erschöpfung, Reizbarkeit, Medikamenten- und Nahrungsmittelunverträglichkeit, Fieber, Grippale Infekte, Parasiten.
1 TL auf 1/2l Wasser
Wermut - Wird nicht nur verwendet, um Würmer zu eliminieren; er ist außerdem eine höchst wirksame Leber- und Verdauungshilfe. Er ist auch

dabei behilflich, Blockaden zu entfernen, die eine träge Menstruation erzeugen. Es ist immer am Besten, dieses Kräutermittel in Verbindung mit anderen Kräutern einzunehmen.
Medizinische Anwendungen: Blutarmut, Arthritis, Blähungen, Kreislauf, Erkältungen, Verstopfung, Depression, Ödeme, Ohrenschmerzen, Fieber, Frauenleiden, Winde, Gallenblase, Gallensteine, Gicht, Herzbrennen, Hepatitis, Gelbsucht, Nierenleiden, morgendliche Übelkeit, Übelkeit, Fettleibigkeit, Parasiten, Rheumatismus, Magenleiden, Würmer.
Eigenschaften: Abortiv wirkend, alterativ, Appetit fördernd, Wurmmittel, antibiotisch, Anti-Depressionsmittel, entzündungshemmend, fiebersenkend, antiseptisch, aromatisch, Bittertonikum, Mittel gegen Blähungen, galletreibend, verdauungsfördernd, Eintritt der Monatsblutung förderndes Mittel, magenstärkend, Wurmmittel.
Nicht in der Schwangerschaft verwenden. Es ist immer am Besten, dieses Kräutermittel in Verbindung mit anderen Kräutern einzunehmen.

5.4 Speisezugabe

5.4.1 Oregano frisch

Er wirkt verdauungsfördernd, beruhigend und nervenstärkend, gegen krampfartige Magen- und Darmbeschwerden. Der Inhaltsstoff Carvacrol wirkt entzündungshemmend.
2 TL Oregano (getrockneter) mit 250 ml kochendem Wasser zubereiten. 1 TL Honig nach Bedarf.
Wirkstoffe: äth. Öl, Gerbstoffe, Bitterstoffe
Er wirkt verdauungsfördernd, beruhigend und nervenstärkend. Das beste Aroma hat er zur Blütezeit. Oregano ist das typische Pizzagewürz. Es passt zu Fleisch, in Suppen und Eintöpfe, zu Tomaten, Zucchini und Erbsen. Auch die aromatischen rosa bis weißen Blüten werden verwendet. Beim Kochen entfaltet sich das Aroma.
Die innerliche Anwendung sollte bei Schwangeren vermieden werden. Hautreizung möglich. Nicht überdosieren.

5.5 Verschiedene Möglichkeiten

5.5.1 Komplementäre Vitaminpräparate

Zusätzlich zugeführte Vitamine können Ihr Wohlbefinden steigern und ermöglichen meistens einen rascheren Heilungsprozess. Bei Magen-Darmerkrankungen oder anderwärtig erhöhtem Bedarf können ergänzend Nahrungsergänzungsmittel helfen.
Bitte mit dem behandelnden Arzt oder Therapeuten anhand eines Blutbildes absprechen.

Es gibt fettlösliche und wasserlösliche Vitamine. Fettlösliche werden in Depots des Körpers gespeichert und müssen nicht täglich eingenommen werden. Der Körper benötigt den Großteil der wasserlöslichen Vitamine zur Bildung von Co-Enzymen. Wen Ernährungsstörungen vorliegen sollten diese Vitamine regelmäßig zugeführt werden.

5.5.2 Koriander
Die ätherischen Öle wirken appetitanregend, verdauungsfördernd, krampflösend und lindernd bei Magen- und Darmleiden.
3-6 g
Wirkstoffe: Gerbstoffe, äth. Öl, Vitamin C, Sitosterin, Eiweiß
Wenn Masern oder Windpocken schon ausgebrochen sind, nicht verwenden. Nicht ürberdosieren.

5.5.3 Mariendistel
Gut gegen Koliken, Krämpfe, Schmerzen im Oberbauch, Obstipation, Leberzirrhose, Fettleber, Pankreaserkrankungen.
Ein wichtiges Lebermittel in der westlichen Naturheilkunde, besonders zur Entgiftung und als Antitoxin. Selten als Teedroge verwendet, da wichtige (antitoxische) Inhaltsstoffe schlecht wasserlöslich sind.
Kann leicht laxierend wirken.

6   Grundlagen der Ernährung

Die hier beschriebenen Grundlagen der Ernährung zeigen allgemeine Empfehlungen und beziehen sich nicht auf eine spezielle Therapieform. Die Empfehlungen der Therapie haben Vorrang.

6.1   Ernährung

Die regelmäßige Einnahme von Mahlzeiten in entspannter Atmosphäre. Ein wärmendes Frühstück gilt als guter Start in den Tag.
Mittags sollte die Hauptmahlzeit stattfinden - das Abendessen am frühen Abend.

Die Beachtung von Hunger- und Sättigungsgefühlen: Nicht überessen und nicht hungern, so lautet die Regel.

Die frische Zubereitung der Speisen aus naturbelassenen, regionalen Produkten. Tiefgekühlte, hitzekonservierte, industriell vorgefertigte oder mikrowellengegarte Lebensmittel werden gemieden.

Die Auswahl von Lebensmittel nach der Jahreszeit: Im Sommer mehr kühlende Nahrung, im Winter mehr wärmende Nahrung.

Mindestens zweimal am Tag Gekochtes essen. Speisen und Getränke sollen möglichst handwarm, niemals eiskalt oder heiß sein.

Rohkost, kurz gegartes Gemüse, frisch gepresste Säfte und Mineralwasser werden üblicherweise nicht empfohlen. Milch und Milchprodukte stehen nur dann auf dem Speiseplan, wenn sie problemlos vertragen werden.

Therapeutische Rezepte nicht über einen längeren Zeitraum ohne Rücksprache mit dem Arzt oder Therapeuten einnehmen.

1. Vielseitig essen
Lebensmittelvielfalt genießen. Merkmale einer ausgewogenen Ernährung sind abwechslungsreiche Auswahl, geeignete Kombination und angemessene Menge nährstoffreicher und energiearmer Lebensmittel. (Einerseits Schutz vor Unterversorgung mit essentiellen Nährstoffen und andererseits Schutz vor einer überhöhten Zufuhr unerwünschter Inhaltsstoffe.)

2. Reichlich Getreideprodukte - und Kartoffeln
Brot, Nudeln, Reis, Getreideflocken (am besten aus Vollkorn), sowie

Kartoffeln enthalten kaum Fett, aber reichlich Vitamine, Mineralstoffe, Spurenelemente sowie Ballaststoffe und sekundäre Pflanzenstoffe. Diese Lebensmittel sollten mit möglichst fettarmen Zutaten verzehrt werden.

3. Gemüse und Obst - Nimm "5" am Tag ...

5 Portionen Gemüse und Obst am Tag, möglichst frisch, nur kurz gegart, oder auch eine Portion als Saft – idealerweise zu jeder Hauptmahlzeit und auch als Zwischenmahlzeit: Damit werden reichlich Vitamine, Mineralstoffe sowie Ballaststoffe und sekundären Pflanzenstoffe (z.B. Carotinoiden, Flavonoiden) zugeführt. Das Beste, was man für die eigene Gesundheit tun kann.

4. Täglich Milch und Milchprodukte, ein- bis zweimal in der Woche

Fisch; Fleisch, Wurstwaren sowie Eier in Maßen. Diese Lebensmittel enthalten wertvolle Nährstoffe, wie z.B. Calcium in Milch, Jod, Selen und Omega-3-Fettsäuren in Seefisch. Fleisch ist wegen des hohen Beitrags an verfügbarem Eisen und an den Vitaminen B1, B6 und B12 vorteilhaft. Mengen von 300 - 600 g Fleisch und Wurst pro Woche reichen hierfür aus. Fettarme Produkte bevorzugen, vor allem bei Fleischerzeugnissen und Milchprodukten.

5. Wenig Fett und fettreiche Lebensmittel

Fett liefert lebensnotwendige (essenzielle) Fettsäuren und fetthaltige Lebensmittel enthalten auch fettlösliche Vitamine. Fett ist besonders energiereich, daher kann zu viel Nahrungsfett Übergewicht fördern, möglicherweise auch Krebs. Zu viele gesättigte Fettsäuren fördern langfristig die Entstehung von Herz-Kreislauf-Krankheiten. Pflanzliche Öle und Fette bevorzugen (z.B. Raps-, Oliven- und Sojaöl und daraus hergestellte Streichfette). Auf unsichtbares Fett achten, das in Fleischerzeugnissen, Milchprodukten, Gebäck und Süßwaren sowie in Fast-Food- und Fertigprodukten meist enthalten ist. Insgesamt 70 - 90 Gramm Fett pro Tag reichen aus.

6. Zucker und Salz in Maßen

Nur gelegentlich Zucker und Lebensmittel, bzw. Getränke verzehren, die mit verschiedenen Zuckerarten (z.B. Glucose Sirup) hergestellt wurden. Kreativ mit Kräutern und Gewürzen und wenig Salz würzen. Jodiertes Speisesalz bevorzugen.

7. Reichlich Flüssigkeit

Wasser ist absolut lebensnotwendig. Jeden Tag rund 1-2 Liter Flüssigkeit trinken. Wasser (ohne oder mit Kohlensäure) und andere kalorienarme Getränke bevorzugen. Alkoholische Getränke sollten nicht konsumiert werden.

8. Schmackhaft und schonend zubereiten
Die jeweiligen Speisen bei möglichst niedrigen Temperaturen garen, soweit es geht kurz, mit wenig Wasser und wenig Fett - das erhält den natürlichen Geschmack, schont die Nährstoffe und verhindert die Bildung schädlicher Verbindungen.

9. Sich Zeit nehmen und das Essen genießen
Bewusstes Essen hilft, richtig zu essen. Auch das Auge isst mit. Sich beim Essen Zeit lassen. Das macht Spaß, regt an, vielseitig zuzugreifen und fördert das Sättigungsempfinden.

10. Auf das Gewicht achten und in Bewegung
Ausgewogene Ernährung, viel körperliche Bewegung und Sport (30 bis 60 Minuten pro Tag) gehören zusammen. Mit dem richtigen Körpergewicht fühlt man sich wohl und fördert die Gesundheit.
Thermik, Wirkrichtung, Verdauungskraft
Es gibt unterschiedliche Kriterien, die Wirksamkeit von Kräutern und Lebensmittel zu beurteilen. Der Einsatz der Kräuter und Zutaten basiert auf Beobachtung, was die Lebensmittel, Kräuter und Gewürze nach ihrem Verzehr im Körper bewirken. In der Medizin hat sich daraus folgendes System entwickelt: Jede Zutat oder Kraut hat eine Wirkrichtung. Außerdem gibt es noch Kräuter, die eine besondere Wirkung auf bestimmte Organe haben.

Voraussetzung für einen gesunden Stoffwechsel ist es, darauf zu achten, dass wir ausreichend Energie aus der Nahrung gewinnen und der Verdauungsprozess so wenig Energie wie möglich verbraucht. Eine bekömmliche Mahlzeit macht zufrieden und satt, verursacht keine Blähungen und keine Müdigkeit nach dem Essen. Richtiges Würzen erhöht die Bekömmlichkeit unserer Speisen. Es genügen oft schon geringe Mengen an Kräutern und Gewürzen. Sie dienen nicht dazu, uns satt zu machen, sondern helfen unseren Verdauungsorganen, die Nahrung zu verdauen.

6.2 Rezepte

Die Rezepte zeigen Ihnen welche Zutaten verwendet werden sowie mit der Kochanleitung wie diese zubereitet werden. Bei den Zutaten wird neben den Mengenangaben auch die Wichtigkeit für die Therapie angezeigt. Wenn dabei angezeigt wird "weniger als angegeben" versuchen Sie diese Empfehlung einzuhalten oder eine Alternative aus der Liste der "Empfohlenen Lebensmittel" zu finden. Meistens ist es nur eine leichte geschmackliche Änderung wenn Sie diese Zutat gänzlich weglassen.

Schonende Kochmethoden: Kochen, dämpfen, pochieren, dünsten
Scharfe Kochmethoden: Grillen, rösten, anbraten, räuchern
Ausgeglichene Kochmethoden: Frittieren, Römertopf

Auf das Einfrieren und erwärmen in der Mikrowelle sollte verzichtet werden (Denaturierung).

6.3 Lebensmittel

Lebensmittel wirken wie Heilkräuter auf Körper und Geist, nur wesentlich sanfter. Die Ernährungsberatung stützt sich hauptsächlich auf heimische Lebensmittel. Das Wissen über die Wirkungsweisen jedes einzelnen Lebensmittels und das Wissen wann welche Lebensmittel zur Anwendung kommen, entstammt der Schulmedizin. Verwende Sie möglichst Erzeugnisse aus ökologischen-biologischem Landbau.

Da wegen der besseren Verdaulichkeit grundsätzlich alles lange gekocht und kaum roh gegessen wird, ist die Verträglichkeit hervorragend.

Die Einteilung der Lebensmittel entsprechend ihrer Wirkung auf den Körper und bildet die Basis, um einen ausgewogenen und harmonischen Gesundheitszustand im Körper zu erreichen.

Grundsätzlich empfiehlt die Ernährungsberatung keine bestimmten Lebensmittel für Jedermann. Ausschlaggebend für den individuellen Speiseplan ist vor allem die persönliche Konstitution.

Kaufen Sie nur frisches und reifes Obst und Gemüse ein. Braune Stellen, welke Blätter aber auch unreifes Obst und Gemüse sollten Sie im Supermarkt zurücklassen. Greifen Sie dann zu Tiefkühlware (keine Fertiggerichte!). Tiefkühlobst und -gemüse werden kurz nach dem Ernten schockgefroren und enthalten deshalb oftmals mehr Vitamine und Mineralstoffe, als die Ware aus der Obst- und Gemüsetheke! Konserven- und Dosenware dagegen enthält wesentlich weniger Biostoffe. Zudem werden Letztere meist mit Salz, Zucker usw. angereichert. Lassen Sie die Zutaten nach dem Waschen nie im Wasser liegen, denn so gehen viele Vitalstoffe ins Wasser über! Putzen Sie Salate, Früchte und Gemüse erst unmittelbar vor Verzehr.

Beachten Sie bitte die hygienische Verarbeitung der Lebensmittel. Waschen Sie Ihre Salate, Früchte und Gemüse gründlich. Bei Gerichten mit Fleisch bereiten Sie zuerst die Zutaten vor und verarbeiten dann die Fleischprodukte. Reinigen Sie danach die Arbeitsflächen und Werkzeuge besonders gründlich. Holzunterlagen sollten regelmäßig mit leichtem Desinfektionsmittel behandelt werden um die Keimbildung einzuschränken.

Bewahren Sie Obst und Gemüse möglichst getrennt voneinander auf. Auch geerntete Früchte und Gemüse leben und strömen z.B. Ethylengas aus, das andere Sorten schneller reifen und altern lässt. Fleisch und Fisch in der verschlossenen Verpackung lassen oder in luftdichten Boxen im Kühlschrank aufbewahren.

6.4 Kräuter

Bei der Aufbewahrung und Lagerung von Heilkräutern, müssen gewisse Grundregeln beachtet werden. Grundsätzlich müssen Heilkräuter geschützt vor direkter Sonneneinstrahlung, vor Feuchtigkeit und vor heißen Temperaturen gelagert werden.

Als Gefäße für die Lagerung von Heilkräutern können Gläser, Keramik-Behälter und zur Not auch Plastik-Dosen eingesetzt werden. Plastik ist aber ein sehr unreines Material und sollte daher wirklich nur eine kurzfristige Notlösung sein. Bei Glasbehältern ist darauf zu achten, dass dunkles Glas verwendet wird.

Heilkräuter können nicht beliebig lange aufbewahrt werden. Die Haltbarkeit von Heilkräutern ist auf jeden Fall begrenzt. Durch die Haltbarkeitsdauer kann durch sachgerechte Lagerung wesentlich erhöht werden. So soll der Lagerplatz dunkel, eher kühl und absolut trocken sein. Ein Medizinschrank aus Holz, der nicht direkt bei einer Wärmequelle platziert ist wäre ideal. Um Ihre Heilkräuter nicht wegwerfen zu müssen, kaufen Sie nicht zu große Mengen an Heilpflanzen. Beschriften Sie die Behälter mit dem Namen des Heilkrauts und dem Datum der Ernte bzw. der Verarbeitung.

7 Weitere Ernährungsvorschläge

Folgende Syndrome der Diätetik, der TCM oder als Therapieergänzung bei Krebs sind verfügbar.

DIÄTETIK
1. Ernährung des Säuglings - Beikost
2. Ernährung in der Stillzeit
3. Ernährung im Alter
4. Ernährung von Kindern und Jugendlichen
5. Ernährung von Sportlern
6. Leichte Vollkost
7. Schwangerschaft
8. Vollkost

Eiweiß und Elektrolyt – Nieren
9. (Hämo-)Dialysebehandlung
10. Akutes Nierenversagen
11. Chronische Niereninsuffizienz
12. Nephrotisches Syndrom
13. Nierensteine (Nephrolithiasis)

Gastrointestinaltrakt - Bauchspeicheldrüse
14. Akute Pankreatitis (Entzündung der Bauchspeicheldrüse)
15. Chronische Pankreatitis (Entzündung der Bauchspeicheldrüse)

Gastrointestinaltrakt - Dünndarm und Dickdarm
16. Akute Obstipation (Verstopfung)
17. Chronische Obstipation (Verstopfung)
18. Colon irritabile
19. Divertikulitis
20. Erworbene Laktoseintoleranz (Laktosemalabsorption)
21. Fruktosemalabsorption
22. Glutensensitive Enteropathie (Zöliakie)
23. Kolektomie
24. Kurzdarmsyndrom

Gastrointestinaltrakt - Leber, Gallenblase, Gallenwege
25. Akute und chronische Hepatitis (Entzündung der Leber)
26. Cholelithiasis (Gallensteine)
27. Fettleber
28. Leberzirrhose

Gastrointestinaltrakt - Magen und Zwölffingerdarm
29. Akute Gastritis
30. Chronische Gastritis
31. Magenblutung
32. Ulcus ventriculi und Ulcus duodeni
33. Zustand nach Magenoperation

Gastrointestinaltrakt - Mundhöhle und Speiseröhre
34. Mundschleimhautentzündung
35. Ösophaguskarzinom (Speiseröhrenkrebs)
36. Reflüxösophagitis (Sodbrennen)

spezielle Krankheiten
37. Phenylketonurie (PKU)
38. Rheumatische Gelenkserkrankungen

Stoffwechsel
39. Adipositas (Übergewicht)
40. Diabetes mellitus
41. Essstörungen (Untergewicht)
Fettstoffwechsel
42. Hypercholesterinämie (erhöhter Cholesterinspiegel)
43. Hepatische Enzephalopathie
Herz- und Kreislauf
44. Arteriosklerose (Arterienverkalkung)
45. Herzinsuffizienz
46. Hypertonie (Bluthochdruck)
47. Hyperurikämie und Gicht
veränderter Nährstoffbedarf
48. bei Fieber
49. bei malignen Erkrankungen
50. nach Verbrennungen
51. Strahlen- und Chemotherapie

KREBS
100. Bauchspeicheldrüse
101. Blasenkrebs
102. Blutkrebs (Leukämie)
103. Brustkrebs
104. Darmkrebs
105. Magenkrebs
106. Nierenkrebs
107. Speiseröhrenkrebs

TCM
200. Blase - Feuchte Hitze in der Blase
201. Blase - Feuchtigkeit und Kälte in der Blase
202. Blase - Leere und Kälte in der Blase
203. Dickdarm - äussere Kälte befällt den Dickdarm
204. Dickdarm - Feuchte Hitze im Dickdarm
205. Dickdarm - Hitze blockiert den Dickdarm II akut
206. Dickdarm - Trockenheit des Dickdarms
207. Dickdarm - Yang Mangel (Kälte)
208. Herz - Blut Mangel
209. Herz - Blut Stagnation
210. Herz - Feuer
211. Herz - Heisser Schleim verstopft die Herzporen
212. Herz - Kalter Schleim verstopft die Herzporen
213. Herz - Qi Mangel
214. Herz - Yang Mangel
215. Herz - Yin Mangel
216. Leber - aufsteigender Leber-Yang
217. Leber - Blut-Mangel
218. Leber - Blut-Stagnation
219. Leber - feuchte Hitze in Leber und Gallenblase
220. Leber - Feuer
221. Leber - Gallenblase Qi-Leere
222. Leber - Kälte im Lebermeridian
223. Leber - Qi-Stagnation

224. Leber - Wind
225. Leber - Wind mit aufsteigendem Leber Yang
226. Leber - Wind mit Blutleere
227. Leber - Wind mit extremer Hitze
228. Lunge - Qi Mangel
229. Lunge - Schleim-Feuchtigkeit in der Lunge
230. Lunge - Schleim-Hitze in der Lunge
231. Lunge - Schleim-Kälte in der Lunge
232. Lunge - Trockenheit der Lunge
233. Lunge - Wind-Hitze befällt die Lunge
234. Lunge - Wind-Kälte befällt die Lunge
235. Lunge - Yin Mangel
236. Magen - Blutstagnation
237. Magen - Feuer
238. Magen - Magenkälte mit Flüssigkeit
239. Magen - Nahrungsstagnation
240. Magen - Qi Mangel
241. Magen - rebellierendes Magen Qi
242. Magen - Yin Leere
243. Milz - Hitze und Feuchtigkeit befällt die Milz
244. Milz - Kälte und Feuchtigkeit befällt die Milz
245. Milz - Qi Mangel
246. Milz - Qi Mangel + Absinkendes MilzQi
247. Milz - Qi Mangel + Milz kontrolliert das Blut nicht
248. Milz - Yang Mangel
249. Niere - Herz und Niere kommunizieren nicht mehr
250. Niere - Jing Mangel
251. Niere - Nieren können das Qi nicht empfangen
252. Niere - Qi ist nicht fest
253. Niere - Yang Mangel
254. Niere - Yin Mangel